Sonderauflage
für die Landeszentralen für politische Bildung

Beiträge zur Zeitgeschichte
Herausgegeben von Peter Haungs und Eckhard Jesse

Klaus J. Bade

Vom Auswanderungsland zum Einwanderungsland?

Deutschland 1880–1980

Colloquium Verlag Berlin

BEITRÄGE ZUR ZEITGESCHICHTE · BAND 12

PETER HAUNGS, geb. 1939, Dr. phil., seit 1972 Professor für Politikwissenschaft an der Universität Trier.

ECKHARD JESSE, geb. 1948, Dr. phil., Diplom-Politologe, seit 1978 Wissenschaftlicher Mitarbeiter an der Universität Trier.

KLAUS J. BADE, geb. 1944; Studium der Geschichte, Sozial- und Literaturwissenschaften; Promotion 1972; Harvard University 1976/77; Stipendiat der Deutschen Forschungsgemeinschaft 1978/79; Habilitation 1979; seit 1981 Professor für Neuere und Neueste Geschichte an der Universität Erlangen-Nürnberg; seit 1982 ordentlicher Professor für Neueste Geschichte an der Universität Osnabrück; zahlreiche Veröffentlichungen zur Wirtschafts-, Sozial- und Politikgeschichte sowie zur Kolonial- und Überseegeschichte.

CIP-Kurztitelaufnahme der Deutschen Bibliothek

Bade, Klaus J.:
Vom Auswanderungsland zum Einwanderungsland?:
Deutschland 1880–1980 / Klaus J. Bade. –
Berlin: Colloquium-Verlag, 1983
(Beiträge zur Zeitgeschichte; Bd. 12)
ISBN 3-7678-0586-3

NE: GT

Satz: Schulz & Ridzewski, Berlin
Druck: Color-Druck, Berlin
Umschlagentwurf: Rudolf Hübler
Schrift: Akzidenz-Grotesk Buch
Printed in Germany

Inhalt

Inhalt

Geleitwort

In einer Zeit sehr ernster Beschäftigungsfragen, die wirtschafts-, sozial-, gesellschafts- und staatspolitisch gelöst werden müssen, kommt es sehr darauf an, auf der Grundlage einer möglichst genauen Erforschung der Ursachen klare politische Ziele zu setzen. In diesem Zusammenhang spielt auch eine verantwortliche Ausländerpolitik eine wichtige Rolle, wobei ausdrücklich anzumerken ist, daß es verfehlt wäre, Ausländerpolitik nur unter dem Blickwinkel des Arbeitsmarktes zu sehen. Diese Verbindung liegt freilich nahe, nachdem am Anfang der heutigen Ausländerprobleme die Anwerbung von ausländischen Arbeitskräften stand, um einem damals zunehmenden Arbeitskräftemangel in den Jahren des großen Wirtschaftswachstums zu begegnen. Dieser Mangel wurde in dem Moment spürbar, als der Zustrom von Heimatvertriebenen und Flüchtlingen, die nach dem Ende des 2. Weltkrieges in das Gebiet unserer Bundesrepublik Deutschland kamen, allmählich abebbte.
Nun haben diese riesigen Wanderungsbewegungen bei uns auch in der jüngeren Geschichte bereits ihre wenn auch zahlenmäßig geringeren Vorgänger. Die Forschung, wie sie u. a. im vorliegenden Sachbuch ihren Niederschlag findet, hat dabei dargetan, daß es deutliche Wechselwirkungen zwischen Beschäftigungsentwicklung, Wirtschaftsleben und politischen Verhältnissen gibt. Solche Forschungsergebnisse sind nicht nur der Aufmerksamkeit wert, sondern weisen zugleich den Weg aus der Krise. Angesichts der sehr akuten Probleme ist es höchste Zeit für eine konstruktive Ausländerpolitik, die einerseits auf umfassende Eingliederung derer gerichtet sein muß, die ständig in unserem Lande bleiben wollen, die andererseits eine möglichste Reduzierung der Ausländerzahl in unserem ohnehin sehr dicht bevölkerten Lande anzustreben hat. Innen-, Kultur- und Arbeitsmarktpolitik sind hier gemeinsam gefordert.

Dr. Josef Stingl
Präsident der Bundesanstalt für Arbeit

Vorwort: Aktuelles Interesse und historische Perspektive

„Die Bundesrepublik ist kein Einwanderungsland", lautete noch in den siebziger Jahren das knappe regierungsamtliche Statement zur ‚Gastarbeiterfrage'. Die gesellschaftliche Entwicklung der Ausländerbevölkerung in der Bundesrepublik hat das demonstrative Dementi problematisiert. Heute wird von ‚Gastarbeiterimmigration' gesprochen. Damit wird ein ungeklärtes Problem auf einen unklaren Begriff gebracht, der etwas verbindet, das sich als Alternative gegenseitig auszuschließen scheint: internationale Arbeitswanderung auf Zeit und definitive Einwanderung. Beide Formen des internationalen Wanderungsgeschehens bestimmen heute das doppelte Gesicht der Ausländerbeschäftigung in der Bundesrepublik. Das neudeutsche Stichwort ‚Gastarbeiterimmigration' kennzeichnet dabei in seiner inneren Widersprüchlichkeit ebenso wie die Rede von den ‚ausländischen Mitbürgern' die Kipplage der Ausländerbeschäftigung in der Bundesrepublik zwischen der ‚Gastarbeiterfrage', die sie war und bleiben sollte, und der ‚Einwanderungsfrage', die sie nicht werden sollte und doch weithin geworden ist.

Die Probleme, mit denen die Bundesrepublik heute im internationalen Wanderungsgeschehen konfrontiert ist, sind im Kern nicht so neu, wie sie erscheinen mögen. Sie stellen sich nur anders. Die Frage, ob Deutschland ein Einwanderungsland sei, stand vor dem Ersten Weltkrieg schon einmal zur Debatte. Trotz aller Auffassungsunterschiede indes herrschte im kaiserlichen Deutschland der Grundkonsens, daß die ausländischen Arbeitskräfte bleiben sollten, was sie waren: ‚ausländische Wanderarbeiter'. Und doch begann mit der historischen ‚Wanderarbeiterfrage' in Deutschland eine Tradition, die sich in ihrer Kernlinie bis hin zur aktuellen ‚Gastarbeiterfrage' weiter verfolgen läßt.

Die ‚Gastarbeiterfrage' hat nach frühen Pionierstudien[1] in den letzten Jahren eine Flut von wissenschaftlichen Untersuchungen und eine breite, neuerdings stark emotionalisierte und verzerrte öffentliche Diskussion ausgelöst, in der die alte Frage nach der Bedeutung und den Folgen internationaler Wanderungsbewegungen für die Wirtschafts-

und Gesellschaftsentwicklung im Aufnahmeland und in den Herkunftsländern neu gestellt wird. Bemerkenswert ist dabei, daß 1. in dieser Debatte eine ganze Reihe von Argumenten wiederkehrt, die ihren Ort im Diskussionszusammenhang früherer, zum Teil ein Jahrhundert zurückliegender Wanderungsbewegungen hat, und daß 2. nur unzureichend geklärt ist, inwieweit die gegenwärtigen mit jenen historischen Wanderungsbewegungen vergleichbar sind, deren zeitgenössische Diskussion zum Teil nach wie vor die Argumente der gegenwärtigen stellt. Ähnliches gilt für die gefährliche Gemengelage von rationalen Argumenten, irrationalen Vorstellungen, Vorurteilen und ideologischen Versatzstücken in dieser aktuellen Diskussion. Die Tatsache, daß dabei oft historisch Vergleichbares übersehen und Unvergleichbares verglichen wird, ist so erstaunlich nicht; denn in den zahlreichen neueren Beiträgen zur Diskussion der aktuellen ‚Gastarbeiterfrage' fehlt die historische Perspektive in der Regel ganz, wenn sie nicht in einigen skizzenhaften Bemerkungen der historisierenden Einführung abgetan wird.

Dieses Buch schlägt eine Brücke zwischen Geschichte und Gegenwart. Es ergänzt die in den letzten Jahren vorwiegend im Blick auf unmittelbar anstehende Fragen forcierte Diskussion sozialökonomischer, wirtschafts- und sozialpolitischer Probleme des internationalen Wanderungsgeschehens um die historische Dimension und Perspektive: Es verfolgt den Wandel von der überseeischen Massenauswanderung des 19. Jahrhunderts zur kontinentalen Massenzuwanderung des 20. Jahrhunderts bis zur Gegenwart in Längsschnitten durch die Entwicklung von Bevölkerung, Arbeitsmarkt und Wanderung. Es untersucht Bestimmungsfaktoren und Entwicklungsbedingungen des internationalen Wanderungsgeschehens, seine wirtschaftlichen und gesellschaftlichen Begleitumstände, seine Folgeerscheinungen und deren Sicht in der zeitgenössischen Diskussion; und es fragt nach den Versuchen, die damit aufgeworfenen Probleme zu bewältigen, die sich für Deutschland im Wandel von der Massenauswanderung zur Massenzuwanderung innerhalb eines Jahrhunderts geradewegs umgekehrt haben.

Internationale Wanderungsbewegungen sind keine isolierten Größen im historischen Prozeß, die für sich allein betrachtet werden könnten, sondern Folgeerscheinungen und Ausdrucksformen unterschiedlicher Entwicklungslagen in Ausgangsräumen und Zielgebieten: allgemein in Bevölkerung, Wirtschaft und Gesellschaft und besonders im Verhältnis von Bevölkerungswachstum und Erwerbsangebot auf dem Arbeits-

markt. Sie sind aber nicht nur bestimmt durch solche unterschiedlichen Entwicklungslagen, sondern wirken auch verändernd auf sie zurück. Wanderungsgeschehen und Wanderungsverhalten müssen deshalb in diesem übergreifenden bevölkerungs-, wirtschafts- und sozialgeschichtlichen Bezugsrahmen erfaßt werden. Das ist die Aufgabe der Sozialhistorischen Migrationsforschung als Teildisziplin der Historischen Arbeitsmarktforschung[2]. Dieses Buch, das auf einer Reihe von in den letzten Jahren vorgelegten Studien des Verfassers aufbaut[3], bietet einen Beitrag dazu.
Die Darstellung umspannt einen Zeitraum von hundert Jahren. Zu seinem Beginn, Anfang der 1880er Jahre, erlebte das kaiserliche Deutschland den Aufstieg der letzten und zugleich gewaltigsten Welle der millionenstarken deutschen Massenauswanderung des 19. Jahrhunderts. An seinem Ende ist die Bundesrepublik Deutschland als Einwanderungsland wider Willen mit einer ebenfalls millionenstarken Ausländerbevölkerung konfrontiert, von der sich ein wachsender Teil nicht mehr als ‚Gastarbeiter', sondern als Einwanderer versteht: Rund 5 Mio. Deutsche wanderten im 19. Jahrhundert aus, fast 5 Mio. zählt 1982 die Ausländerbevölkerung in der Bundesrepublik. Diese statistischen Eckwerte umschließen den Wandel vom Export der Sozialen Frage des 19. Jahrhunderts durch überseeische Auswanderung zu der durch kontinentale Zuwanderung importierten Sozialen Frage in der Bundesrepublik. Die Entwicklung von der Auswanderung einheimischer zur Zuwanderung ausländischer Arbeitskräfte und die aktuellen Fragen der Ausländerbeschäftigung sind dabei — von den Spezifika der ‚Gastarbeiterfrage' abgesehen — nicht nur oder auch nur vorwiegend ‚deutsche' Probleme. Die Arbeitskräftewanderungen der Gegenwart sind vielmehr Ergebnis des internationalen sozialökonomischen Entwicklungsgefälles, das die meisten modernen Industriegesellschaften unter Zuwanderungsdruck aus minderentwickelten Ländern stellt. Vor diesem Hintergrund ist auch die Entwicklung in Deutschland zu sehen, auf deren Darstellung sich dieses Buch beschränken muß. In der Konfrontation historischer Erfahrungen und aktueller Probleme sucht es Orientierungshilfe zu geben für eine historische Ortsbestimmung des internationalen Wanderungsgeschehens der Gegenwart und seiner Problemlagen. Es will nicht politische Patentrezepte bieten, sondern lediglich eine weitgehend historische Bestandsaufnahme als Voraussetzung für eine problemgerechte Diskussion dieser aktuellen Fragen im fließenden Grenzfeld von internationaler Arbeitswanderung auf Zeit und definitiver Einwanderung.

Dieses Buch ist einerseits hervorgegangen aus der langjährigen Beschäftigung mit der Geschichte des internationalen Wanderungsgeschehens und andererseits aus den Vorbereitungsarbeiten für ein im Oktober 1982 an die Akademie für Politische Bildung in Tutzing einberufenes internationales und interdisziplinäres Symposium über Bevölkerung, Arbeitsmarkt und Wanderung in Geschichte und Gegenwart, dessen Ergebnisse ich 1983 in einem Sammelband vorlegen zu können hoffe. Für eine kritische Durchsicht dieses Manuskripts, das im Sommer 1982 abgeschlossen wurde, danke ich Prof. Dr. Walther Peter Fuchs, Prof. Dr. Friedrich Heckmann, Dr. Peter Marschalck und Dr. Toni Pierenkemper, für hilfreiche Hinweise und kritische Fragen den Herausgebern der Reihe ‚Beiträge zur Zeitgeschichte' und dem Präsidenten der Bundesanstalt für Arbeit, Dr. Josef Stingl.

Klaus J. Bade

Einleitung: Bevölkerung, Wirtschaft und Wanderung im Wandel vom Agrar- zum Industriestaat

Die Bevölkerungsentwicklung in einem Raum hat zwei Gesichter: die natürliche Bevölkerungsbewegung, d. i. die Entwicklung von Geburt und Tod, und das Wanderungsgeschehen, d. i. die Bewegung der Menschen in diesem Raum und über seine Grenzen. Natürliche Bevölkerungsbewegung und grenzüberschreitendes Wanderungsgeschehen bestimmen gemeinsam die tatsächliche Bevölkerungsentwicklung in einem Raum. Die natürliche Bevölkerungsbewegung steht unter dem Einfluß der verschiedensten materiellen und immateriellen, ökonomischen und außerökonomischen Entwicklungsbedingungen: von den sozialökonomischen Existenzbedingungen über religiöse und im weitesten Sinne soziokulturelle Wertsysteme, kollektive Mentalitäten und Verhaltensmuster bis hin zu Krieg, Hunger und Seuchen.
Das Wanderungsgeschehen war in Deutschland seit der Mitte des 19. Jahrhunderts gekennzeichnet durch Massenbewegungen. Seine wichtigsten Erscheinungsformen waren einerseits die internationalen Wanderungsbewegungen in Gestalt von deutscher Auswanderung und ausländischer Zuwanderung und andererseits die Binnenwanderungsbewegungen, die eine außerordentliche Formenvielfalt aufwiesen: von kleinräumigen Veränderungen innerhalb des ländlichen und städtischen Lebensbereichs über Land-Stadt- und Stadt-Stadt-Wanderungen mittlerer Reichweite bis hin zu den Provinzgrenzen überschreitenden Fernwanderungen, unter denen im späten 19. und frühen 20. Jahrhundert die Ost-West-Fernwanderung die wichtigste war. In dieser Studie stehen die internationalen Bewegungen im Vordergrund. Die Binnenwanderungen werden nur soweit einbezogen, als dies für die Interpretation des internationalen Wanderungsgeschehens unabdingbar ist.
Im internationalen Wanderungsgeschehen wirken, in steter Spannung von Schubkräften (Ausgangsraum) und Anziehungskräften (Zielraum), die vielfältigsten Bestimmungsfaktoren des Wanderungsverhaltens neben- und miteinander: von sozialökonomisch, religiös-weltanschaulich oder politisch motivierten Wanderungsbewegungen bis hin zu Ausnahmeerscheinungen räumlicher Bevölkerungsbewegung, die nicht als

Wanderungsbewegungen im engeren Sinne zu verstehen sind, wie z. B. Zwangsumsiedlung, Flucht und Vertreibung. Bei den internationalen Wanderungsbewegungen der deutschen Geschichte vom frühen 19. bis zum frühen 20. Jahrhundert dominierten, ebenso wie im Wanderungsgeschehen der Bundesrepublik, sozialökonomische Bestimmungsfaktoren. Das unterscheidet diese Bewegungen von noch im 18. Jahrhundert vorausgegangenen, nicht nur sozialökonomisch, sondern auch religiös-weltanschaulich bedingten Gruppenauswanderungen, Vertreibungs- und Fluchtbewegungen. Es unterscheidet sie aber auch von der von politischem bzw. kulturellem Abscheu motivierten oder durch politisch bzw. rassenideologisch bedingte Verfolgung erzwungenen Emigration aus dem nationalsozialistischen Deutschland, die hier nicht behandelt werden soll. Und es unterscheidet sie von den Zwangs- und Fluchtwanderungen am Ende und im Gefolge des Zweiten Weltkrieges, die in diesem vorwiegend wirtschafts- und sozialgeschichtlichen Überblick nur im Blick auf die Integration der Heimatvertriebenen und Flüchtlinge im westlichen Nachkriegsdeutschland und in der Bundesrepublik gestreift werden können.

Bevölkerungsbewegung, Wirtschaftsentwicklung und Wanderungsgeschehen stehen in ihren langfristigen Entwicklungstendenzen in einem vielfältigen Beziehungsgeflecht, demgegenüber einseitige Ursache-Folge-Erklärungen zu kurz greifen. Für die großen Entwicklungslinien in diesem wechselseitigen Bedingungs- und Wirkungsgefüge bedeutet das Zeitalter der Industrialisierung eine große Wende. Das gilt 1. für die Wirtschaftsentwicklung selbst, 2. für die natürliche Bevölkerungsbewegung und 3. für das Wanderungsgeschehen:

1. Der Wandel vom Agrarstaat zum Industriestaat war ein langer Entwicklungsprozeß mit regional unterschiedlich ausgeprägten wirtschaftlichen Übergangsstufen und sozialen Folgeerscheinungen. In den hektisch expandierenden industriellen Metropolen Mittel- und insbesondere Westdeutschlands verlief diese Entwicklung in der Tat in ‚revolutionären' Brüchen (‚Industrielle Revolution'), während sie sich etwa in Süddeutschland sehr viel langfristiger und evolutionärer gestaltete und z. B. in Bayern erst nach dem Zweiten Weltkrieg vollends zum Durchbruch kam. Insgesamt betrachtet indes erreichte diese Entwicklung ihren Höhe- und Wendepunkt im kaiserlichen Deutschland der Jahrzehnte vor dem Ersten Weltkrieg, die wirtschaftsgeschichtlich gekennzeichnet waren durch den Umbruch vom Agrarstaat mit starker Industrie zum Industriestaat mit starker agrarischer Basis: Ende der 1880er Jahre überflügelte der Sekundärbereich (Bergbau, Industrie,

Handwerk) den Primärbereich (Landwirtschaft, Forsten, Fischerei) in der Wertschöpfung und im ersten Jahrfünft des 20. Jahrhunderts auch in der Beschäftigtenzahl.

2. Das Wanderungsgeschehen im Industrialisierungsprozeß und vor allem in der Hochindustrialisierungsperiode war bestimmt durch diesen Strukturwandel auf dem Arbeitsmarkt und gekennzeichnet durch vorwiegend „proletarische Massenwanderungen" (Ferenczi), die in den Jahrzehnten zwischen Reichsgründung und Erstem Weltkrieg allesamt ihre Höhepunkte erreichten. Ihre wichtigste Antriebskraft war das Mißverhältnis im Wachstum von Bevölkerung und Erwerbsangebot. Das gilt a) für die Binnenwanderungen aus landwirtschaftlichen in städtisch-industrielle Arbeits- und Lebensbereiche, die sich um die Jahrhundertwende zur „größten Massenbewegung der deutschen Geschichte" verbanden[4]. Es gilt b) für die deutsche Massenauswanderung des 19. Jahrhunderts, die deutliche Züge eines Exports der Sozialen Frage trug und 1880–1893 ihr säkulares Maximum erreichte, bis ihr das starke Wachstum des Beschäftigungsangebots im Auswanderungsland selbst die wichtigste sozialökonomische Schubkraft entzog und die Auswanderung einströmen ließ in die vielfältigen Formen der Binnenwanderung. Und es gilt c) für den Anstieg des Zustroms ‚ausländischer Wanderarbeiter' nach Preußen-Deutschland in jener Zeit der industriellen Hochkonjunktur und der langen Agrarkonjunktur vom Ende der 1890er Jahre bis zum Vorabend des Ersten Weltkrieges, in der sich bei wachsendem Arbeitskräftemangel in Industrie und Landwirtschaft für Deutschland ein Wandel vom Auswanderungsland zum Einwanderungsland abzuzeichnen schien.

3. In der natürlichen Bevölkerungsbewegung lagen die Jahrzehnte zwischen Reichsgründung und Erstem Weltkrieg im dramatischen Kernprozeß des Übergangs zur industriellen Bevölkerungsweise: Bei noch anhaltend hoher Geburtenkurve sank zunächst die Sterbekurve ab. Die Bevölkerung nahm rapide zu, nicht weil mehr Menschen geboren wurden, sondern weil sie länger lebten, weil Kindbett-, Säuglings- und Kindersterblichkeit sanken, während die mittlere Lebenserwartung stieg. Ergebnis war jene Bevölkerungsexplosion in den beiden letzten Jahrzehnten des 19. Jahrhunderts, in denen die Reichsbevölkerung um fast 25 %, von rund 45 Mio. im Jahre 1880 auf rund 56 Mio. um die Jahrhundertwende, anwuchs. Der Industrialisierungsprozeß hatte zunächst die in der zeitgenössischen Diskussion als ‚Pauperismus' umschriebene vorindustrielle Massenarmut zum gesellschaftlichen Spannungsfeld der Sozialen Frage des 19. Jahrhunderts verschärft und

schuf Ende des Jahrhunderts zugleich die entscheidenden wirtschaftlichen Voraussetzungen zu ihrer Bewältigung: Das mit dem rapiden Wirtschaftswachstum steigende industrielle Beschäftigungsangebot fing in den Jahrzehnten vor dem Ersten Weltkrieg die industrielle Bevölkerungswelle auf dem Arbeitsmarkt auf. Zugleich begann mit dem im Vergleich zur Sterbekurve phasenverschobenen Absinken der Geburtenkurve in den beiden Vorkriegsjahrzehnten der endgültige Wandel zur ‚neuen', industriellen Bevölkerungsweise mit ihren auf niedrigem Niveau schwankenden Kurven von Geburt und Tod. Die Katastrophe des Ersten Weltkrieges führte, wie Schaubild 1 zeigt, zu extremen Verwerfungen der beiden Kurven, ohne doch ihren Gesamttrend nachhaltig zu stören. Die Angst vor dem zunehmenden Bevölkerungsdruck, die im späten 19. Jahrhundert noch einmal hervorgetreten war, schlug angesichts der ständig sinkenden Geburtenkurve in ihr Gegenteil um. Auch die nationalsozialistische Bevölkerungspolitik indes vermochte nichts zu ändern an dem in allen entwickelten Industriegesellschaften zu beobachtenden langfristigen Fall der Geburtenkurve, der in der Bundesrepublik nach dem ‚Pillenknick' in neue Stabilität auf niedrigem Reproduktionsniveau einzumünden scheint. Nicht ‚Pillen' freilich haben die Geburtenkurve ‚geknickt', sondern die Kollektivmentalitäten und Wertvorstellungen der Menschen, die sich dieses Hilfsmittels bedienten, weil die in der Agrargesellschaft gültige Rede vom segnenden Kinderreichtum in der modernen Industriegesellschaft keinen Ort mehr zu haben scheint. So betrachtet, bildet die Bevölkerungsentwicklung in der Bundesrepublik nur die Spätphase in den Veränderungen des Bevölkerungsverhaltens im langfristigen Wandel von der vorindustriell-agrarischen Bevölkerungsweise mit ihren hohen und stark schwankenden Geburten- und Sterberaten zur industriellen Bevölkerungsweise mit ihrer geringen Schwankungsbreite auf niedrigem Niveau. Diese Entwicklungstendenz, die als phasenverschobene Angleichung der Bevölkerungsweise an die Wirtschaftsweise umschrieben wird, war in den Trendlinien der sinkenden Sterbekurve und der ihr nachfolgenden Geburtenkurve schon vor dem Ersten Weltkrieg in vollem Gange[5].

In den folgenden Kapiteln geht es um den Auf- und Abstieg der deutschen Massenauswanderung im Übergang vom Agrar- zum Industriestaat, um ihr Zurücktreten hinter die Binnenwanderungen im Auswanderungsland gegen Ende des 19. Jahrhunderts und um den Aufstieg der kontinentalen Zuwanderung ausländischer Arbeitskräfte zur Massenbewegung seit der Jahrhundertwende.

Schaubild 1:
Eheschließungen, Lebendgeborene und Gestorbene auf 1 000 Einwohner in Deutschland 1816–2000

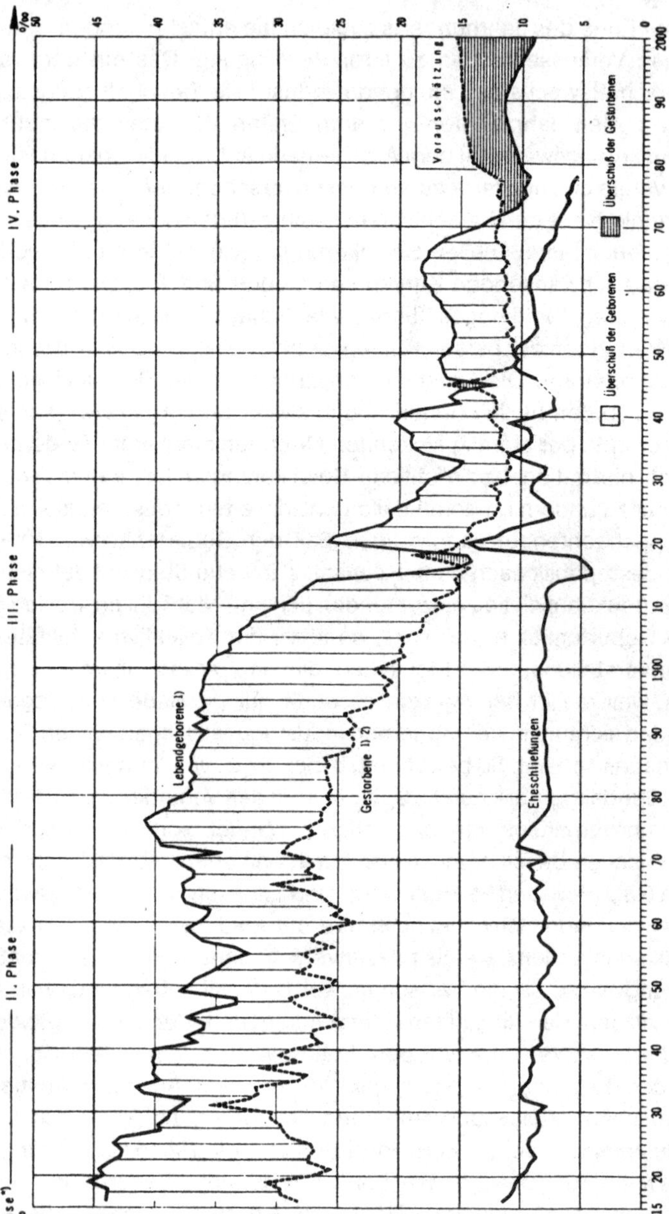

*) Agrarischer Bevölkerungsprozeß

Die Ziffern beziehen sich auf folgenden Gebietsstand: 1816–1840 = Ehemaliges Königreich Preußen; 1841–1944 = Reichsgebiet; ab 1945 = Bundesgebiet einschl. Berlin (West); 1977–2000 = Werte der SAEG-Vorausschätzung.

Verzeichnis und Quellennachweis der Schaubilder s. S. 13

1. Die deutsche Überseeauswanderung im 19. und frühen 20. Jahrhundert

1.1. Phasen und Bestimmungskräfte

Die deutsche Massenauswanderung, die im 19. und frühen 20. Jahrhundert fast 6 Mio. Deutsche umfaßte, war vor allem Überseeauswanderung. Die Auswanderung über die ‚trockenen' Grenzen ins europäische Ausland blieb von vergleichsweise geringfügiger Bedeutung, abgesehen von den stärkeren Auswanderungen nach Rußland und in die Habsburger Länder, die in der ersten Hälfte des 19. Jahrhunderts endgültig hinter die überseeische Auswanderung zurücktraten[6].

Schaubild 2 zeigt den wellenförmigen Gesamtverlauf der deutschen Überseeauswanderung seit den 1830er Jahren[7]. Deutlich heben sich in dem ein Jahrhundert umspannenden Bewegungsablauf verschiedene Auswanderungswellen ab: eine erste 1846–1857 mit dem Gipfel im Jahre 1854, eine zweite 1864–1873, eine dritte 1880–1893 und eine letzte im Jahre 1923. Von einem sprunghaften Anstieg 1816/17 auf etwa 20 000 im Gefolge von Mißernte und Hungersnot abgesehen, waren die Auswanderungszahlen bis Mitte der 1830er Jahre relativ niedrig geblieben. Der deutliche Anstieg auf einen Jahresdurchschnitt von 20 000 von der Mitte der 1830er Jahre bis zur Mitte der 1840er Jahre vollzog sich vor dem Hintergrund der Krise des Pauperismus. Die Folgen der wirtschaftsliberalen Reformen von oben sprengten das ständische Sozialgefüge von unten her auf: Der Bevölkerungsdruck in Verbindung mit dem Freisetzungsprozeß und seinen Folgen, Besitzregulierungen, Lastenablösungen und Gemeinheitsteilungen auf dem Lande, die Bodenzersplitterung infolge der Realerbteilung im Westen und Südwesten und die Einführung der Gewerbefreiheit in Stadt- und Landhandwerk blähten die land- und brotlosen unterbäuerlichen und unterbürgerlichen Schichten auf. Relative (am Erwerbsangebot gemessene) Übervölkerung ließ Aus- und Binnenwanderungen sprunghaft ansteigen. Zu entscheidenden Auslösern der lawinenartig anwachsenden Auswanderung konnten die durch Mißernten bei anhaltendem Lohndruck verschärften Teuerungs- und Ernährungskrisen in den 1830er und

Schaubild 2:
Phasen im Bewegungsablauf
der deutschen Überseeauswanderung 1830–1932

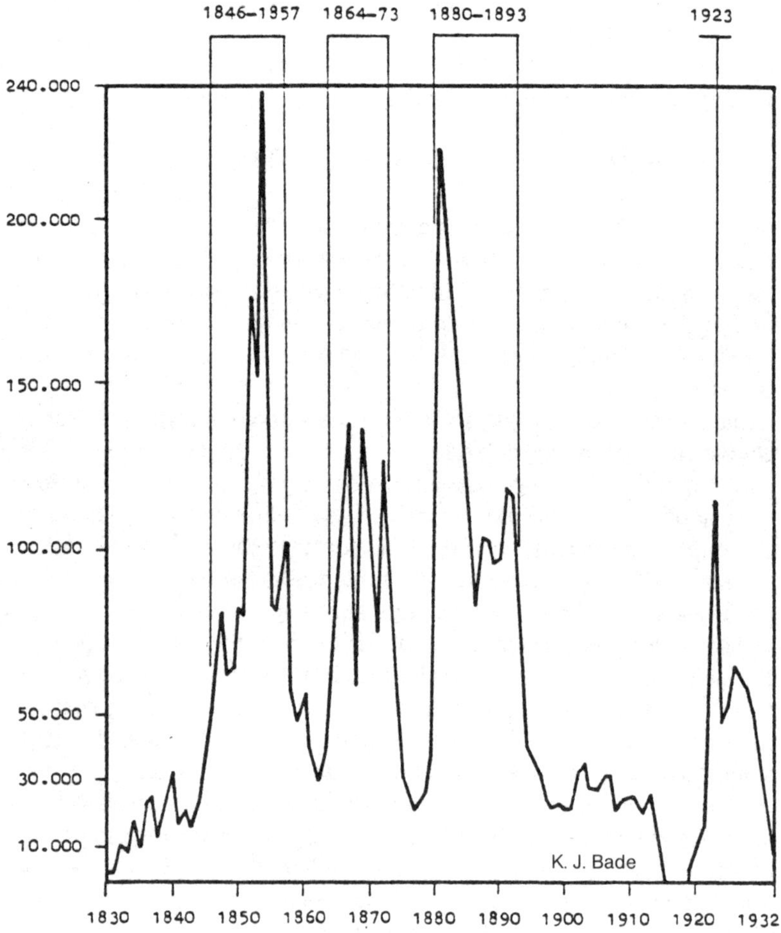

1840er Jahren werden; denn sie trafen zusammen mit Übersetzung, Unterbeschäftigung und Arbeitslosigkeit auf den vor- und frühindustriellen Arbeitsmärkten[8].

Die Krise von 1846/47 riß die Auswanderungskurve über die Revolutionszeit hinweg auf den Sattel von 1852 (176 402), von dem aus sie steil auf den nadelspitzen Gipfel von 1854 (239 246) hochschnellte. Der Aufschwung in alten und neuen Industrien, im Verkehrs- und Bauwesen, der Anfang der 1850er Jahre bereichsweise zu verhaltenem Lohnanstieg führte, vermochte das Überangebot an Arbeitskräften nur partiell zu absorbieren und die nachwirkende Schubkraft der vorausgegangenen Krise nicht zu mindern, zumal der Lohnzuwachs bei mäßig bis schlecht ausfallenden Ernten sein Gegenbild im erneuten Anstieg der Getreidepreise fand. Die Auswanderung ‚nach Amerika' stieg zur Massenbewegung auf, getragen von der Hoffnung auf ein besseres Fortkommen in der Neuen Welt, aber auch als Fluchtbewegung aus dem erschütterten Sozialgefüge der Alten Welt und als Verweigerung gegenüber den vom Industrialisierungsprozeß in Produktionsweise und Arbeitsverfassung ausgelösten sozialökonomischen Anpassungszwängen. Die transatlantische Massenbewegung senkte die individuelle Entscheidungsschwelle und entfaltete eigene Sogkraft. Von der in ihrer Verschränkung von Agrar- und Gewerbekrise letzten ‚Krise alten Typs' 1846/47[9] bis zum Einbruch der ‚ersten Weltwirtschaftskrise' 1857/59[10] wanderten insgesamt fast 1,3 Mio. Deutsche nach Übersee aus, mehr als eine halbe Million allein 1854–1857.

Die kollektive Verunsicherung im Gefolge der Revolutionsereignisse wirkte verstärkend, ließ die Bewegung — von den politischen ‚Forty eighters'[11] abgesehen — aber nicht zur ‚politischen' Massenauswanderung werden. Die Massenauswanderung rekrutierte sich in ihrem Schwergewicht gerade nicht aus jenem aufstrebenden Bürgertum, das in der Revolution nach dem politischen Äquivalent seiner ökonomischen Stellung suchte und in diesem Kampf um politische Partizipation vom Revolutionsergebnis enttäuscht wurde. Sie rekrutierte sich aus tiefer liegenden Schichten der Sozialpyramide: aus Handwerkern und Kleingewerbetreibenden, die, als kleinbürgerlich-konservative Revolutionäre, im Grunde in den Schutz der zerbrochenen Zunftverfassung zurückstrebten, weil sie auf Zeit Opfer jener wirtschaftsliberalen Modernisierung geworden waren, die wesentlich zum Erstarken des Wirtschaftsbürgertums beigetragen hatte; und sie rekrutierte sich aus kleinbäuerlichen Schichten, die das ‚tolle Jahr' nur am Rande miterlebt hatten oder gar nur vom Hörensagen kannten[12].

Die gesellschaftliche Katastrophe, die zur sich selbst erfüllenden Prophezeihung zu geraten schien, fand in den gefürchteten Dimensionen auch deswegen nicht statt, weil sie ihre unmittelbar betroffenen Opfer exportierte. Die Auswandererschiffe füllten sich mit Angehörigen der in den Mahlstrom der Wirtschafts- und Gesellschaftskrise geratenen Sozialgruppen, die dem Elend der verfrühten industriellen Reservearmee im erwerbslosen Wartestand zu entkommen suchten: mit ökonomisch und sozial derangierten und desorientierten Gruppen, die in der verschwimmenden Dunkelzone zwischen der fließenden Untergrenze des Dritten Standes, unterbürgerlichen und unterbäuerlichen Schichten ihren Ort im herkömmlichen Gesellschaftsgefüge verloren hatten, ihn im neuen, ständisch ex negativo bestimmten ‚Vierten Stand' noch nicht finden konnten oder wollten und nach dem Verkauf dessen, was sie hatten, noch imstande waren, das Geld für das vermeintlich rettende Ticket für die Überseepassage und ein wenig Startkapital für den Aufbau einer neuen Existenz in der Neuen Welt zusammenzubringen. Häufig schon wurde die Überfahrt durch das von vorausgegangenen Familienzugehörigen geschickte ‚prepaid ticket' (‚Kettenwanderung'), gelegentlich auch von überseeischen Arbeiterimporteuren vorfinanziert oder auch, in Einzelfällen, von staatlicher bzw. kommunaler Seite bezahlt, um die Ärmsten der Armen bzw. finanziell gescheiterte und in den Hafenstädten steckengebliebene Auswanderungswillige auf den Zwischendecks der Transatlantiksegler in eine ungewisse Zukunft zu senden. Der Gedanke ‚nach Amerika' auszuwandern und das vielfach überschätzte ‚Glück' in der Neuen Welt zu suchen, war seit der Jahrhundertmitte zu einer gängigen und zunehmend leichter zu realisierenden Leitvorstellung geworden, zumal das in Deutschland bis ins letzte Drittel des 19. Jahrhunderts hinein anhaltende Mißverhältnis im Wachstum von Bevölkerung und Erwerbsangebot sozialökonomische Schubkräfte freisetzte, die die Anziehungskraft des überseeischen Haupteinwanderungslandes nur um so mehr verstärkten.
Die äußeren Entwicklungsbedingungen der Überseeauswanderung waren in der zweiten Hälfte und besonders im letzten Drittel des 19. Jahrhunderts bestimmt durch die Zunahme, Verbesserung und Verbilligung der transatlantischen Passagierschiffahrt und durch den Ausbau des Schienennetzes, der die Anreise zu den Hafenstädten erleichterte und verkürzte. Fördernd wirkten ferner die Verdichtung des transatlantischen Informationsaustauschs und durch die Massenbewegung selbst eingeschliffene transatlantische Wanderungstraditionen in bestimmten deutschen Auswanderungsräumen, die daraus resultierende

dichte transatlantische Kommunikation dieser Räume und durch die privaten Überseekontakte in diesen Räumen bewirkte Erleichterungen von Auswanderungsentschlüssen: von der Information über die Lage im Zielgebiet (‚Auswandererbriefe') über die Vorfinanzierung der Überseepassage (‚prepaid ticket') bis hin zur Aufnahme der Neueingewanderten im Zielgebiet selbst. Indirekter Einfluß ging nach wie vor aus von der durch deutsche ‚Auswanderungsunternehmer' und strafrechtlich verfolgte ausländische Auswandererwerber, durch konkurrierende Schiffahrtsgesellschaften und deren Agenten betriebenen Auswandererwerbung, von den für Auswanderungswillige zeitweise verführerischen Dumpingpreisen für Transatlantiktickets im internationalen Konkurrenzkampf der Liniengiganten um die Auswandererpassagen und zunehmend auch von der Tätigkeit freier, kirchlicher, halbamtlicher und später auch amtlicher Beratungsstellen für Auswanderungswillige.

Die heftigen Fluktuationen der Auswanderungsbewegung in das gängige Bild von ‚Auswanderungswellen' zu fassen, ist einprägsam, aber auch mißverständlich und hat in der Forschung zu manchem Irrweg geführt. Dazu gehören die nicht selten abwegigen Versuche, den abrupten Aufstieg einer solchen ‚Welle' aus der vermeintlichen Potenzierung besonderer zeitgleicher Antriebskräfte im Auswanderungsland zu erklären. Das ist schon deswegen problematisch, weil Auswanderung nicht ein punktuelles Ereignis, sondern ein häufig lang- oder doch mittelfristiger Prozeß war: von der Herausbildung latenter Auswanderungsbereitschaft im Ausgangsraum über den häufig ereignisbedingten Auswanderungsentschluß bis hin zu dessen tatsächlicher Ausführung zu einem Zeitpunkt, zu dem der Entschluß selbst schon längere Zeit, nicht selten Jahre, zurückliegen mochte. Im Grunde gibt es seit dem Aufstieg der deutschen überseeischen Massenauswanderung bis zu ihrem Auslaufen als transatlantischer Massenbewegung im letzten Jahrzehnt des 19. Jahrhunderts nur eine einzige große ‚Auswanderungswelle' mit verschiedenen Gipfeln und ereignisbedingten scharfen Einbruchsphasen, die, um im Bild zu bleiben, als ‚Wellentäler' betrachtet werden könnten. Solch ein durch spezifische Aus- bzw. Einwanderungshindernisse bedingter Auswanderungsstau aber konnte nach seinem Abbau abrupt jenen starken Auswanderungsschub freisetzen, der dann als eine ‚Auswanderungswelle' in Erscheinung trat, in der Auswanderungsentschlüsse mitwirkten, die vielleicht schon Jahre zurücklagen.

Der amerikanische Bürgerkrieg führte 1861–1863 zu einem solchen kurzfristigen Stau der Auswanderungsbewegung, den 1864, also noch vor Kriegsende, die zweite deutsche Auswanderungswelle des 19. Jahrhunderts durchbrach, die im folgenden Jahrzehnt über 1 Million Menschen mit sich riß. Während der ersten und schärfsten, seit Mitte der 1870er Jahre auf den Arbeitsmarkt durchschlagenden Phase (1873–1879) der ‚Großen Depression' (1873–1895)[13], die die deutsche und die amerikanische Wirtschaft gleichermaßen traf, stürzten die Auswandererzahlen aufs neue steil ab. Das Ende der ersten Rezessionsphase 1879 markierte zugleich das Ende dieses Wellentales der Auswanderungsbewegung. 1880 setzte abrupt die dritte und stärkste Auswanderungswelle des 19. Jahrhunderts ein, die bis zum Beginn der 1890er Jahre anhielt: Allein im ersten Jahrfünft der 1880er Jahre wanderten mehr als 860 000 Deutsche nach Übersee aus. Insgesamt wurden 1880–1893 in Deutschland fast 1,8 Millionen Überseeauswanderer gezählt. Dann brach die dritte Auswanderungswelle des 19. Jahrhunderts zusammen. Der aus dem Mißverhältnis im Wachstum von Bevölkerung und Erwerbsangebot resultierende Bevölkerungsdruck nahm in der Hochindustrialisierungsperiode, trotz sprunghafter Bevölkerungszunahme, ständig ab. In der Hochkonjunkturphase, die die ‚Große Depression' Mitte der 1890er Jahre ablöste und, von kurzen Kriseneinbrüchen abgesehen, bis zum Vorabend des Ersten Weltkrieges anhielt, trat die Anziehungskraft des überseeischen Haupteinwanderungslandes zurück hinter das stark wachsende sozialökonomische Chancenangebot auf dem Arbeitsmarkt im Auswanderungsland. Während die Anziehungskraft der industriellen Ballungsräume Mittel- und insbesondere Westdeutschlands seit den 1880er Jahren stetig und seit den 1890er Jahren rapide zunahm, wurde das entsprechende Chancenangebot des überseeischen Haupteinwanderungslandes gerade im ersten Jahrfünft der 1890er Jahre schwer erschüttert; denn die amerikanische Wirtschaft wurde von der dritten Einbruchsphase der seit 1873 anhaltenden Krisenzeit erheblich härter getroffen („panic of 1893") als die deutsche. Das trug zusätzlich dazu bei, an die Stelle der Überseeauswanderung die Binnenwanderung treten zu lassen, während die Auswanderungskurve in den beiden Vorkriegsjahrzehnten auf das Niveau der späten 1830er Jahre zurücktorkelte, um im Ersten Weltkrieg dann vollends abzureißen.

Um so mehr wurde zu Kriegsende und vor allem nach dem Vertrag von Versailles mit einer gewaltigen neuen Welle der überseeischen Massenauswanderung gerechnet. Die Erwartung täuschte. 1919/20 blieb die Auswanderungsbewegung unbedeutend, stieg dann bei schrittweisem Abbau der kriegsbedingten Auswanderungsbarrieren

wieder merklich an und bäumte sich erst 1923, im Zeichen von Ruhrkampf und Inflation, zu einer letzten, ebenso steilen wie kurzen Welle auf. Dabei wirkten im wesentlichen vier Bestimmungskräfte zusammen: 1. die Realisierung von schon früher getroffenen und durch den Auswanderungsstau im Krieg und in der unmittelbaren Nachkriegszeit verzögerten Auswanderungsentschlüssen; 2. die Auswanderung von durch den Krieg und die Gebietsabtretungen von Versailles, durch Untergang des Kaiserreichs, Revolutionserlebnis und Mißbehagen an der neuen Republik Entwurzelten und Abgestoßenen; 3. die ökonomisch-spekulative Flucht aus der Krise und 4. die Auswanderung derjenigen, die diesen mittelfristig geplanten Schritt beschleunigten, um das für den Aufbau einer neuen Existenz in Übersee gedachte Startkapital aus der Inflation zu retten.
In den folgenden Jahren der wirtschaftlichen Stabilisierung wurde die Auswanderung langsam rückläufig und fiel — ähnlich wie in der Krisenzeit Mitte der 1870er Jahre — seit Beginn der Weltwirtschaftskrise erneut steil ab. In der Weltwirtschaftskrise übertraf das Volumen der überseeischen Rückwanderung[14] bei weitem dasjenige der überseeischen Auswanderung, die Anfang der 1930er Jahre zum Rinnsal schrumpfte, bis mit der politischen Emigration und der jüdischen Fluchtwanderung aus dem nationalsozialistischen Deutschland ein ganz neuer Abschnitt der deutschen Auswanderungsgeschichte begann, der im Blick auf die im Wanderungsgeschehen wirkenden Bestimmungskräfte mit den vorausgegangenen hundert Jahren deutscher Überseeauswanderung nicht zu vergleichen ist.

1.2. Zielräume, Auswanderungsrouten und Überseehäfen

Die deutsche Überseeauswanderung war im 19. und frühen 20. Jahrhundert vor allem Nordamerika-Einwanderung. Sie gehörte in den Kontext der Alten Einwanderung aus Europa (Großbritannien, Irland, Deutschland, dann zunehmend auch Skandinavien), die nach 1890 hinter die Neue Einwanderung (‚New Immigration‘) vorwiegend aus Süd-, Südost- und Osteuropa zurücktrat. Mit starken Anteilen aus Spanien, Portugal, Italien, Österreich-Ungarn und Rußland (weniger russische Auswanderer als polnische und jüdische Fluchtwanderer) erreichte sie 1910 ihren Höhepunkt. Der Anteil der Nordamerika-Einwanderung an der deutschen Überseeauswanderung lag in der ersten Auswanderungswelle des 19. Jahrhunderts bei 85 %, in der zweiten bei 91 % und in der dritten bei 92 %. Als nächstwichtige überseeische Auswanderungsziele

folgten mit weitem Abstand Kanada, Brasilien, Argentinien und Australien: Von den durch die – etwas zu niedrig liegende – deutsche Auswanderungsstatistik erfaßten insgesamt knapp 4,5 Mio. deutschen Überseeauswanderern der Zeit von 1847 bis 1914 gingen fast 4 Mio. (89 %) in die USA, rund 86 500 (1,9 %) nach Kanada, rund 56 000 (1,3 %) nach Australien, rund 89 000 (2 %) nach Brasilien. Von 1871 bis 1914 (keine Zahlen für 1847–1870) gingen etwa 24 400, also ca. 0,9% der Überseeauswanderer dieser Jahrzehnte (2,9 Millionen), nach Argentinien.
Ein verändertes Bild bietet das Wanderungsgeschehen zur Zeit der Weimarer Republik. Zielrichtung, Volumen und Struktur der transatlantischen Bewegung wurden zur Weimarer Zeit in einem bis dahin nicht erlebten Maße von der Einwanderungspolitik des überseeischen Haupteinwanderungslandes USA mitbestimmt: Wenn das deutliche Aufrücken anderer, vor allem südamerikanischer Auswanderungsziele den Anteil der Vereinigten Staaten an der deutschen Überseeauswanderung der Jahre 1921–1933 auf rund 71 % senkte, dann resultierte dies nicht nur aus der besonderen Aufnahmebereitschaft südamerikanischer Einwanderungsländer oder aus jener südamerikanischen Pioniersiedlung, deren Anziehungskraft auch im bürgerlichen Mittelstand wuchs und mitgetragen war von Zivilisationskritik und Kulturpessimismus in der Anpassungskrise an die politische Kultur der jungen Republik. Es hatte auch mit der restriktiven Kontingentierung der Nordamerika-Einwanderung in Gestalt der ‚Quota Act' (1921) und ihrer Verschärfung durch ‚Johnson Bill' (1924) und ‚National Origin Law' (1927) zu tun. Restriktiv wirkte dabei weniger die Kontingentierung selbst, deren Quoten von der deutschen USA-Einwanderung durchweg unterschritten wurden, als die hemmenden und divergierender Interpretation offenen Durchführungsbestimmungen dieser Quotengesetzgebung, die den Einwanderungsprozeß komplizierten, verzögerten und deswegen Einwanderungswillige abschreckten[15].
In den ersten Jahrzehnten des 19. Jahrhunderts war ein Großteil der deutschen Auswanderer über Häfen des westeuropäischen Auslandes ausgereist, besonders über Antwerpen, Rotterdam und Le Havre. Das hatte seinen Grund nicht nur in der Entwicklungsrücklage der deutschen transatlantischen Passagierschiffahrt, die ihren Aufstieg erst der deutschen Überseeauswanderung selbst verdankte. Es resultierte, im Blick auf französische Häfen, auch aus der Dominanz des südwestdeutschen Ausgangsraumes in der Überseeauswanderung der ersten Jahrhunderthälfte. Seit der Jahrhundertmitte wurden Hamburg und insbesondere Bremen (mit seiner direkten Schienenverbindung von Leipzig

und Köln aus) die bei weitem wichtigsten Ausreisehäfen der deutschen Überseeauswanderung. Der enorme Aufschwung der hanseatischen Überseeschiffahrt zur Hochzeit der deutschen Überseeauswanderung gründete sich vor allem auf die einträgliche Kombination von transatlantischem Menschenexport und Warenimport[16].

Je mehr die deutsche Überseeauswanderung seit Anfang der 1890er Jahre zurückging, desto wichtiger wurde für die hanseatischen Transatlantiklinien die von der internationalen Überseeschiffahrt in harter Verdrängungskonkurrenz umkämpfte und in ihren Ausgangsräumen von einem legal und illegal operierenden Heer von Agenten umworbene und rücksichtslos stimulierte osteuropäische Überseeauswanderung, die Deutschland nur als Transitwanderung (‚Durchwanderung') berührte[17]. Von 1894 bis 1910 stellten deutsche Auswanderer nurmehr 11% (380 907), ausländische hingegen 89% (2 752 256) der Überseeauswanderung über deutsche Häfen (3 133 163). Um die Zwischendecks der deutschen Auswandererschiffe zu füllen, begannen die Agenten deutscher Schiffahrtslinien in den osteuropäischen Auswanderungsräumen deshalb jene Rolle zu übernehmen, die strafrechtlich verfolgte nord- und südamerikanische Auswandererwerber im 19. Jahrhundert in Deutschland gespielt hatten — nicht minder erfolgreich, nicht minder bedenkenlos in ihren Werbemethoden und deswegen ebenso beargwöhnt von den Regierungen osteuropäischer Auswanderungsländer.

1.3. Die ‚Auswanderungsfrage': Auswanderungsdiskussion, Auswanderungsgesetzgebung und ‚Auswanderungspolitik'

Durch die Auswanderungsdiskussion des 19. Jahrhunderts[18], die in den 1840er Jahren ihren ersten Höhepunkt erreichte, ziehen sich mit wechselnder Schwerpunktsetzung drei große Grundgedanken: 1. die von völkisch-romantischen und später von nationalideologischen Vorstellungen geprägte Klage über den nationalkulturellen ‚Aderlaß' durch überseeische Massenauswanderung und den Verlust an Wirtschaftskraft und ‚Erziehungskapital' vor allem an die Vereinigten Staaten; 2. die gegenläufige, in die zeitgenössische Dampfkesselmetaphorik gekleidete bevölkerungs- und ‚sozialpolitische' Vorstellung, daß die Auswanderung das einzig rettende ‚Sicherheitsventil' gegen den durch die ‚explosive' Bevölkerungszunahme wachsenden ‚Druck' im Innern biete; 3. die Forderung, die ‚sozialpolitisch notwendige' Auswanderung durch Auswanderungsgesetzgebung gegen Übervorteilung zu schützen und durch staatliche ‚Auswanderungspolitik' und/oder private ‚Assoziationen‘ so zu ‚organisieren‘ und zu ‚lenken‘, daß die damit verbundenen nationalkulturellen und ökonomischen Gravamina begrenzt oder sogar in Vorteile für das Auswanderungsland verwandelt würden – bis hin zu Vorstellungen von der Begründung eines ‚Neudeutschland in Übersee‘ durch konzentrierte deutsche Einwanderung in Südamerika.

Die deutsche Massenauswanderung bewirkte in den 1840er Jahren eine Flut von Literatur, gab zur Begründung zahlreicher Auswanderungsvereine Anlaß und führte in der 186. Sitzung der verfassunggebenden Reichsversammlung am 15. März 1849 zur Verabschiedung eines Reichsauswanderungsgesetzes, in dem sogar ein besonderes Auswanderungsamt vorgesehen war. Gesetz und Amt kamen nicht zustande, es blieb bei der Vielfalt der Auswanderungsverordnungen der einzelnen deutschen Staaten, für die nicht nur der Weg nach Übersee, sondern schon derjenige über die jeweiligen Landesgrenzen ‚Auswanderung‘ war. Seit dem ersten Jahrfünft der Reaktionszeit, in dem die Auswandererziffern Schätzungen zufolge von 79 800 (1850) auf rund 252 000 (1854) hochschnellten, ging die Auswanderungsdiskussion stark zurück, zumal das Scheitern der Revolution von 1848/49 einer ‚reichsgesetzlichen‘ Regelung des Auswanderungswesens den Boden entzogen hatte und zahlreiche Auswanderungsvereine aus den 1830er und 1840er Jahren wieder eingegangen waren oder doch in Fiasko und Mißkredit geführt hatten.

In den frühen 1880er Jahren setzte – vor dem Hintergrund der 1880 anlaufenden dritten Auswanderungswelle – die Diskussion der ‚Auswanderungsfrage‘ aufs neue massiv ein und verschränkte sich mit der Diskussion um jene koloniale Expansion, die dem jungen Nationalstaat durch eine Art Zweite Reichsgründung in Übersee zu imperialer Stellung verhelfen sollte und zugleich einen Fluchtweg zu bieten schien aus Bevölkerungs-, Wirtschafts- und Gesellschaftskrise. Die Stichworte hießen ‚Ackerbau‘- und ‚Siedlungskolonien‘. Gedacht wurde vor allem an informelle Expansion in Südamerika, wo ‚koloniale‘ Expansion keine Chance mehr hatte, aber auch an den ‚dunklen Kontinent‘. In beiden Fällen ging es darum, die überseeische Massenauswanderung, die zu 90% in die USA strebte, abzulenken in ‚deutsche‘ Überseegebiete, wie sie in Südamerika als Folge konzentrierter deutscher Einwanderung entstehen und in Afrika durch koloniale Expansion geschaffen werden sollten[19].

Die Auswanderungsdiskussion löste sich in der zweiten Hälfte der 1880er wieder aus der Kolonialdiskussion heraus, als sich zeigte, daß sämtliche deutsche Schutzgebiete für die erträumte ‚Massenansiedlung' von Auswanderern ungeeignet waren und die Hoffnung auf ‚Ackerbaukolonien' in Südamerika eine apolitische Chimäre war. Was blieb, waren die vorwiegend von Schutzerwägungen getragenen Bemühungen um eine reichsgesetzliche Regelung des Auswanderungswesens, die indes vor allem bei den preußischen Konservativen und bei Bismarck selbst auf hartnäckigen Widerstand stießen, weil der Gedanke an eine reichsgesetzliche Regelung des Auswanderungswesens ineinsgesetzt wurde mit einer Beförderung jener mißliebigen Auswanderung, bei der sich die Handelsinteressen der Seestädte und die Interessen der Getreideproduzenten im preußischen Osten am schärfsten entgegenstanden: Die hanseatischen Überseedampfer exportierten jene landwirtschaftlichen Arbeitskräfte, deren Auswanderung auf den agrarischen Arbeitsmärkten der Ostprovinzen die dort vielbeklagte ‚Leutenot' verschärfte, und sie importierten jenes billige Überseegetreide, das die deutschen Erzeugerpreise gefährdete und den Ruf der Agrarinteressenten nach staatlicher Protektion verstärkte.

Ein 1878 im Reichstag eingebrachter Entwurf eines Reichsauswanderungsgesetzes kam gar nicht erst zur Diskussion. Erst nach Bismarcks Sturz wurde 1891 von seinem Nachfolger Caprivi eine Kommission mit der Ausarbeitung eines entsprechenden Gesetzentwurfs beauftragt. Als schließlich das erste Reichsgesetz über das Auswanderungswesen 1897 verabschiedet und 1898 in Kraft gesetzt wurde, gehörte sein Gegenstand, die deutsche überseeische Massenauswanderung, bereits seit einigen Jahren der Vergangenheit an. Seine beiden — neben den Vorschriften zum Schutz der Auswanderer — wichtigsten Bestimmungen waren das mit dem Konzessionszwang verbundene sogenannte Spezialisierungsprinzip und die Reichsaufsicht über die Auswandererberatung. Beide Bestimmungen bezweckten, der Begründung im Bundesratsentwurf nach, „die Erhaltung des Deutschtums unter den Auswanderern und Nutzbarmachung der Auswanderung für die Interessen des Mutterlandes, und zwar durch Ablenkung der Auswanderung von ungeeigneten und Hinlenkung nach geeigneten Zielen": Dem Spezialisierungsprinzip zufolge durfte die Erlaubnis zur Beförderung von Auswanderern nach Übersee einzelnen Unternehmen jeweils nur für bestimmte Einwanderungshäfen erteilt werden. Auf diese Weise hoffte man die Zielrichtung der Auswanderung gegebenenfalls indirekt, durch die Verweigerung von Konzessionen an Auswanderungsagenturen beeinflussen zu können. Dem gleichen Zweck sollte positiv die Reichsaufsicht über die Auswandererberatung dienen, die bezeichnenderweise der Deutschen Kolonialgesellschaft übertragen wurde. Die indirekte Auswanderungslenkung funktionierte nicht, und die Schutzbestimmungen des Reichsgesetzes von 1897 erreichten Millionen von ausgewanderten Deutschen nicht mehr[20].

Die deutsche Überseeauswanderung blieb nach alledem eine weitgehend sich selbst überlassene Massenbewegung, trotz aller Appelle, sie zu ‚organisieren' bzw. zu ‚lenken'. Bis zum Abebben der transatlantischen Massenauswanderung des 19. Jahrhunderts gab es im überseeischen Haupteinwanderungsland USA keine einschränkende Quotengesetzgebung und im Auswanderungsland — von der strafrechtlichen Verfolgung der ‚heimlichen Auswanderung' Militärpflichtiger abgesehen — keine hemmenden Restriktionen. Die älteren Auswanderungsverordnungen der einzelnen deutschen Staaten[21] blieben, wie das Reichsgesetz von 1897 selbst, weitgehend liberal und frei von Restriktionen. Auch die Verordnung gegen Mißstände im Auswanderungswesen von 1924 kannte einschneidende Auswanderungsbeschränkungen ebensowenig wie das Reichsgesetz von 1897, so daß die Auswanderung nach wie vor der freien persönlichen Entscheidung überlassen blieb, wie dies auch in Art. 112 WRV ausdrücklich zugesichert wurde[22]. Deshalb konnte sich in der Geschichte der deutschen überseeischen Massenauswanderung der Wirkungszusammenhang von vorwiegend sozialökonomischen Bestimmungsfaktoren des Wanderungsverhaltens relativ frei entfalten, bis dieser Bewegungsspielraum durch die restriktive Einwanderungspolitik der Vereinigten Staaten eingeschränkt wurde.

2. Die kontinentale Zuwanderung in Kaiserreich und Weimarer Republik

2.1. Vom Auswanderungsland zum ‚Arbeitseinfuhrland': das Bedingungsgefüge der Ausländerbeschäftigung

In den an die wirtschaftlichen Wachstumsstörungen von 1873–1895 anschließenden beiden Jahrzehnten der industriellen Hochkonjunktur und in der seit Ende der 1890er Jahre anhaltenden langen Agrarkonjunktur vor dem Ersten Weltkrieg trat in Industrie und Landwirtschaft des Auswanderungslandes Arbeitskräftemangel an die Stelle des herkömmlichen Überangebots an Arbeitskraft. Der wachsende industrielle Arbeitskräftebedarf war, trotz des massenhaften Zustroms aus der Landwirtschaft (‚Landflucht'), nicht mehr mit einheimischen Kräften zu decken. Durch Aus- und Abwanderung in den landwirtschaftlichen Arbeitsmarkt gerissene Lücken waren, vor allem im preußischen Osten, ebenfalls nicht mehr mit einheimischen Arbeitskräften zu schließen. Seit den 1890er Jahren nahm deshalb die kontinentale Zuwanderung ausländischer Arbeitskräfte nach Deutschland und insbesondere nach Preußen Züge einer Massenbewegung an[23].
Während die Landwirtschaft wachsenden Ersatzbedarf, Industrie, Straßen- und Kanalbau steigenden Zusatzbedarf an Arbeitskräften meldeten, strebte der kontinentale Zustrom ‚ausländischer Wanderarbeiter' im Vorkriegsjahrzehnt zügig der Millionengrenze zu: Die erste Volkszählung im Deutschen Reich erfaßte 1871 nur 207 000 Ausländer. Die Volkszählung von 1910 wies das Sechsfache, 1 259 880 ausländische Staatsangehörige, innerhalb der deutschen Reichsgrenzen nach. Diese Gesamtzahl gibt freilich nur eine statistische Momentaufnahme von wirtschaftshistorisch beschränktem Informationswert. Einerseits schließt sie die verschiedensten Ausländergruppen ein: von den Mitgliedern von Auslandsvertretungen über ausländische Mitarbeiter ausländischer Filialen, ausländische Spezialisten, Facharbeiter und sogar Ausländer mit arbeitslosem Kapitaleinkommen bis hin zu nichterwerbstätigen Familienangehörigen von ausländischen Arbeitskräften, die dem in Preußen und anderen Bundesstaaten zu dieser Zeit geltenden Zuwanderungsverbot im Familienverband (s. u.) nicht unterlagen.

Andererseits wurde die — nach Polizeiberichten relativ hoch zu veranschlagende — Dunkelziffer der illegal Zugewanderten nicht erfaßt. Außerdem blieben bei dieser Winterzählung (1. 12. 1910) Hunderttausende von Arbeitswanderern aus dem östlichen Ausland unberücksichtigt, die in der in Preußen und anderen Bundesstaaten geltenden winterlichen Sperrfrist (s. u.) zur Rückkehr in ihre Herkunftsländer gezwungen waren. Die Zahl der ‚ausländischen Wanderarbeiter' auf niedriger beruflicher Qualifikationsstufe in Landwirtschaft, Industrie und Bauwesen dürfte, wie andere Einzeldaten vermuten lassen, 1910 knapp unter einer Million gelegen und in den Jahren vor dem Weltkrieg die Millionengrenze deutlich überschritten haben.
Die stärksten Kontingente an ‚ausländischen Wanderarbeitern' stellten Polen aus dem russischen ‚Kongreßpolen' sowie Polen und Ruthenen aus dem österreichischen Galizien. Sie arbeiteten vor allem in der Landwirtschaft, besonders im preußischen Osten. Eine Sondergruppe unter ihnen bildeten jene russisch-polnischen Bergarbeiter, die im oberschlesischen Montandistrikt mit preußisch-polnischen zusammentrafen: Ausländisch-polnische Arbeitskräfte waren in der preußischen Montanindustrie nur im Osten zugelassen, wo die Ost-West-Fernwanderung das Angebot an einheimischer Arbeitskraft dezimierte. Was im preußischen Osten zögernd genehmigt wurde, blieb im Westen, vor allem im Ruhrgebiet, generell verboten. Blockiert werden sollte damit eine weitere „Polonisierung des Westens" durch ein Zusammentreffen ausländisch-polnischer Berg- und Industriearbeiter mit den aus den ehemals polnischen Gebieten im preußischen Osten ins Ruhrgebiet zugewanderten ‚Ruhrpolen', die polnischer Nationalkultur, aber preußisch-deutscher Staatsangehörigkeit waren[24]. In weitem Abstand zu den polnischen und ruthenischen folgten, als zweite Hauptgruppe, italienische Arbeiter, die vorzugsweise in Ziegeleibetrieben und im Tiefbau Beschäftigung fanden.
Bei steilem Absturz der überseeischen Massenauswanderung Mitte der 1890er Jahre und nachgerade umgekehrt proportionalem Anstieg der Ausländerbeschäftigung nicht nur in Preußen, sondern auch im übrigen Reichsgebiet, schien sich Deutschland im Sinne der Statistik vom Aus- zum Einwanderungsland zu verwandeln (Schaubild 3). Von Preußen aus wurde dieser Trend auf dem Verordnungsweg gebrochen. Hier geriet die ‚Wanderarbeiterfrage' von Anbeginn an in die Kollisionszone von ökonomischen und politischen Interessen: Auf der einen Seite massierte sich das ökonomische Interesse an einer Deckung des Ersatz- und Zusatzbedarfs auf dem Arbeitsmarkt durch ausländische

Schaubild 3:
Deutsche Wanderungsbilanz 1871–1910 nach Burgdörfer

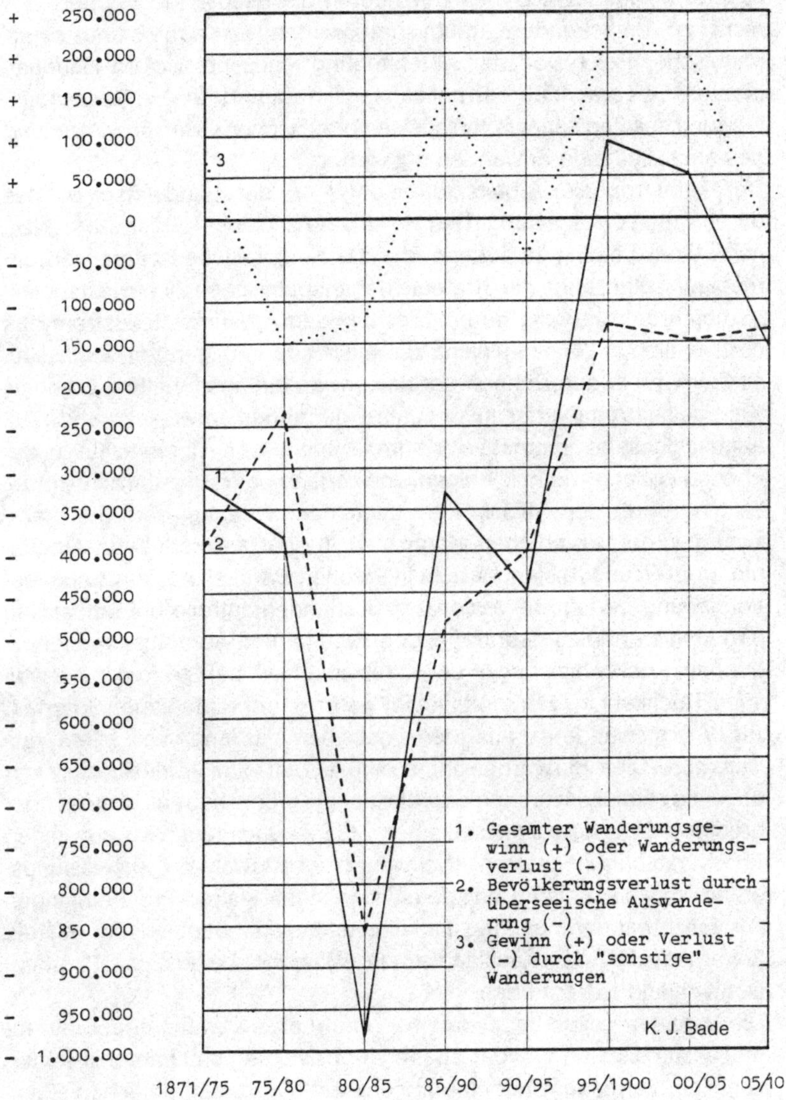

Arbeitskraft. Den ökonomischen Interessen diametral entgegen stand das von preußischer Staatsraison diktierte politische Interesse an einer Eindämmung der vorwiegend polnischen Zuwanderung aus dem östlichen Ausland. Es war bestimmt durch die Skepsis gegenüber dem nicht zu erstickenden Traum preußischer, russischer und österreichischer Polen von der Auferstehung eines polnischen Nationalstaates. Das war 1885 der politische Hintergrund für die Massenausweisung ausländischer Polen aus den preußischen Grenzprovinzen und das anschließende Zuwanderungsverbot.
Der katastrophale Arbeitskräftemangel in der Landwirtschaft des preußischen Ostens nötigte indes seit dem Ende der 1880er Jahre dazu, nach einer Lösung zu suchen, die die ökonomischen Interessen befriedigen sollte, ohne die Strategie der antipolnischen Sicherheitspolitik zu gefährden. Es ging darum, den nötigen Arbeitskräftezustrom aus dem östlichen Ausland nicht zur Einwanderung geraten zu lassen, sondern ihn in den Bahnen der Saisonwanderung zu halten. Ergebnis war das seit Anfang der 1890er Jahre in Preußen entwickelte und 1907 abgeschlossene restriktive Kontrollsystem zur Überwachung der ebenso nötigen wie mißliebigen, vorwiegend polnischen Arbeitskräfte. Es ging unter den Stichworten ‚Legitimationszwang' und ‚Rückkehrzwang' in der winterlichen ‚Karenzzeit' in die Geschichte von Arbeitsmarktpolitik und Ausländerrecht in Preußen-Deutschland ein: Legitimationszwang bedeutete verschärfte Ausländerkontrolle bei befristeten und jährlich neu zu beantragenden Arbeits- und Aufenthaltsgenehmigungen. Rückkehrzwang in der Karenzzeit hieß, bei Strafe der Ausweisung, Rückkehr ins Herkunftsgebiet während der winterlichen Sperrfrist für Arbeitswanderer aus dem östlichen Ausland, vor allem aus Russisch-Polen. Sie wurden ohnehin nur als einzelne Arbeitskräfte, nicht aber im Familienverband zugelassen. Kinder hatten jenseits der preußischen Ostgrenzen zu bleiben, Männer und Frauen wurden in den Arbeiterkolonnen getrennt, Schwangerschaft war ein Ausweisungsgrund. Weil die meisten, aus dem Osten stammenden ‚Preußengänger' zur Einzelwanderung ohne Familienanhang genötigt waren, lag die Erwerbsquote der ‚ausländischen Wanderarbeiter' in Preußen-Deutschland extrem hoch.
Die Verbindung von Legitimations- und Rückkehrzwang bedeutete für die ‚ausländischen Wanderarbeiter' Mobilisierung und Immobilisierung zugleich. Permanent hochmobil gehalten durch den jährlichen Rückkehrzwang, wurden die Arbeitskräfte aus dem östlichen Ausland auf dem Arbeitsmarkt in Preußen zugleich durch den Legitimationszwang

immobilisiert; denn die ‚Legitimationskarte', der einzig gültige Inlandsausweis des ausländischen Arbeiters, enthielt zwei Namen: den des ausländischen Arbeitnehmers und den seines inländischen Arbeitgebers, an den der Ausländer für die Zeit seiner Aufenthalts- und Arbeitsgenehmigung bei Strafe der Ausweisung gebunden blieb. Während der Legitimationszwang im Jahrzehnt vor dem Ersten Weltkrieg schließlich auf alle in Preußen beschäftigten ausländischen Arbeitnehmer ausgedehnt wurde, galt der preußische Rückkehrzwang ‚nur' für die Arbeitskräfte aus dem östlichen Ausland und unter ihnen, im Gegensatz zu den häufiger mit Sondergenehmigungen ausgestatteten Ruthenen (Galizien), vor allem für die bei weitem größte Gruppe der ausländisch-polnischen Arbeitskräfte (Russisch-Polen, Galizien). Der Rückkehrzwang war darüber hinaus nicht nur nach Staatsangehörigkeit bzw. Nationalität (Polen), sondern auch beruflich-sozial gestuft: Er galt generell für die niedrigsten Qualifikationsstufen, also für Landarbeiter und un- bzw. angelernte Arbeitskräfte außerhalb der Landwirtschaft, nicht hingegen für „Kopfarbeiter" und Werkmeister mit festem Gehalt, für verschiedene Gruppen von Spezialarbeitern und einzelne Gruppen von Dienstboten mit Dienstbüchern.
Ergebnis der Verschränkung von Legitimations- und Rückkehrzwang war das einer Fieberkurve ähnliche Strukturbild der jährlich fluktuierenden Arbeitswanderung über die preußisch-deutschen Reichsgrenzen mit ihrem Steilanstieg im Frühjahr, ihrem Höhepunkt in der sommerlichen Hochsaison und ihrem Steilabfall zu Beginn der winterlichen Sperrfrist (Schaubild 4). Der — in Preußen extrem hohe — Anteil der teils freiwilligen, teils unfreiwilligen ‚Saisonarbeiter' an der Gesamtzahl der ausländischen Arbeitskräfte im Reich dürfte, wegen der dominierenden Stellung Preußens in der Ausländerbeschäftigung, bei 70–80 % gelegen haben. Die Kurven in Schaubild 4 mit ihren starken Ausschlägen 1910–1914, ihren im Weltkrieg geringeren Maximalwerten (Zuwandererstop aus Russisch-Polen) und höheren Minimalwerten (Rückkehrverbot für Arbeitswanderer aus dem nunmehr feindlichen Ausland) geben für die Vorkriegszeit Werte, die für Preußen etwas zu hoch, für das Reich insgesamt hingegen zu niedrig liegen: zu hoch für Preußen, weil hier auch in Preußen ‚legitimierte' Arbeitswanderer erfaßt wurden, die über die preußisch-deutschen Reichsgrenzen zur Arbeit in andere Bundesstaaten einreisten, wenngleich auch hier wiederum jene illegal Eingereisten und Beschäftigten fehlen, deren Dunkelziffer selbst für Preußen so hoch veranschlagt wurde, daß für diese Gruppe eigens versicherungsrechtliche Überlegungen angestellt wurden; zu niedrig für das Reich insge-

Schaubild 4:
Die jährliche Fluktuation der kontinentalen Zuwanderung
im Spiegel der Legitmationsdaten
der Feldarbeiterzentrale/Deutschen Arbeiterzentrale 1910–1920

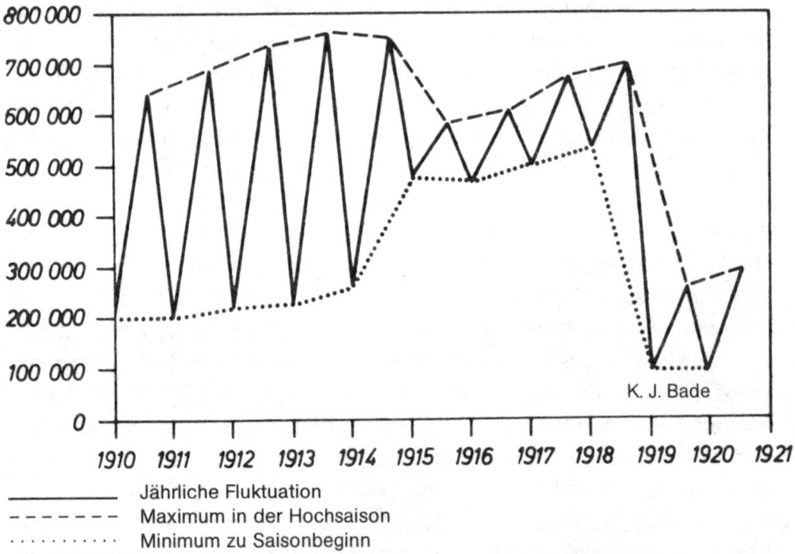

samt, weil diejenigen ausländischen Arbeitskräfte nicht erfaßt wurden, die über nichtpreußische Reichsgrenzen einreisten oder, nach Ablauf ihrer an den Arbeitsvertrag gebundenen Aufenthaltsgenehmigungen, aus dem Geltungsbereich von Legitimations- und Rückkehrzwang in andere Bundesstaaten auswichen bzw. dort in Dauerbeschäftigung standen.

Bei den unausgesetzten Bemühungen Berlins, das preußische System des Legitimations- und Rückkehrzwanges auch anderen Bundesstaaten anzuempfehlen, ging es gerade darum, die Möglichkeiten zu beschneiden, dieses restriktive Kontrollsystem durch ein Ausweichen über die preußischen Inlandsgrenzen zu unterlaufen. Weil Preußen indes die höchste Ausländerbeschäftigung zu verzeichnen hatte und die stärksten – aus dem östlichen Ausland stammenden – Kontingente hier und in den Bundesstaaten, die das preußische Modell übernahmen, dem jährlichen Rückkehrzwang unterlagen, war die preußische Regelung von Bedeutung für das Reich insgesamt: Vorwiegend diesen direkten staatlichen Interventionen war es zuzuschreiben, daß sich das Reich im Vorkriegsjahrzehnt nicht vom Auswanderungsland zum Einwanderungsland wandelte, sondern nur zum unter den „arbeiterimportierenden Staaten“ nach den USA „zweitgrößten Arbeitseinfuhrland der Erde“.

Der Weg zur Durchsetzung des Legitimationszwanges war in Preußen begleitet vom anhaltenden Kampf der verschiedensten Interessengruppen um die Kontrolle über Auslandsrekrutierung und Inlandsvermittlung der Arbeitskräfte aus dem östlichen Ausland. Dabei konkurrierten vier verschiedene Formen, von denen die vierte und historisch jüngste im ersten Jahrzehnt des 20. Jahrhunderts ganz in den Vordergrund trat: 1. die private ‚nichtgewerbsmäßige‘ Arbeiteranwerbung für den Eigenbedarf, 2. die private ‚gewerbsmäßige‘ Anwerbung und Vermittlung, 3. die Tätigkeit der von den Landwirtschaftskammern eingerichteten ‚Arbeitsnachweise‘ und 4. die Anwerbung, Vermittlung und ‚Legitimation‘ ausländischer Arbeitskräfte durch die halbamtliche preußische ‚Deutsche Feldarbeiterzentrale‘, die seit 1912 ‚Deutsche Arbeiterzentrale‘ hieß. Daneben lief durchweg die Bewegung jener — im Jargon der Arbeiterzentrale „Selbststeller“ genannten — ausländischen Arbeitskräfte, die allein oder in Gruppen zur Grenze kamen, weil im Herkunftsraum die Arbeiteranwerbung verboten war (Russisch-Polen) oder sie der Ausbeutung durch kommerzielle Agenten entgehen wollten (Galizien). Die Vermittlung über die kommunalen (‚öffentlichen‘) Arbeitsnachweise, die für das inländische Arbeitsmarktgeschehen seit den 1890er Jahren ständig an Bedeutung gewann, spielte bei der Rekrutierung und Vermittlung ausländischer Arbeitskräfte erst eine ganz unbedeutende Rolle.

1. Die früheste Form der Rekrutierung und Vermittlung ausländischer Arbeitskräfte für die Landwirtschaft im preußischen Osten war die Anwerbung im Ausland, Begleitung zum inländischen Arbeitsort und Überwachung am Arbeitsplatz durch den landwirtschaftlichen Großbetrieben vertraute ausländische Kolonnenführer (‚Vorschnitter‘). Parallel dazu lief die Rekrutierung durch die Gutsbeamten bzw. Vorarbeiter von Gutswirtschaften und großbäuerlichen Betrieben. Sie arbeiteten in der Regel Hand in Hand mit ausländischen Schleppern, die die Arbeiterkolonnen bis in die Grenzorte führten.

2. Als nächste und bis auf weiteres wichtigste Form bildete sich jener ‚gewerbsmäßige‘ internationale Arbeiter- und Kontrakthandel heraus, der auf der Budapester Konferenz über Arbeitsmarktfragen 1910 als „Handel mit Menschenfleisch“ bezeichnet wurde. Dieser „Menschenhandel“ wurde von auf eigene Rechnung und eigenes Risiko arbeitenden ausländischen Werbern, Schleppern und inländischen Agenten

teils allein, teils kooperativ betrieben. Die Preisgestaltung im ‚gewerbsmäßigen' Arbeiterhandel war extrem, denn die Agenten verdienten doppelt, an Arbeitern und Arbeitgebern: Während Arbeiter 1–10 Mark für ihre Vermittlung zu zahlen hatten, schwankte die Vermittlungsgebühr für Arbeitgeber, je nach Arbeitsmarktlage, zwischen 5 und 30 Mark. Die höchsten Vermittlungsgebühren wurden folgerichtig Arbeitgebern in den am meisten von ‚Leutenot' bedrängten preußischen Ostgebieten abverlangt. Das Interesse der Arbeiterhändler an möglichst gewinnträchtiger Vermittlung der Handelsware Arbeitskraft war häufig gleichbedeutend mit ihrem Versuch, sich gegenseitig zu übervorteilen und mit falschen Versprechungen gegenüber Arbeitern und Arbeitgebern ihre Kopfprämien zu steigern. Das führte zu schweren Mißständen und nährte zugleich die Neigung der ‚Preußengänger' zum Kontraktbruch, wenn sie sich im Zielgebiet Arbeits- und Lohnbedingungen unterworfen sahen, die den verlockenden Ankündigungen nicht entsprachen. Aus diesen Gründen mehrten sich die Klagen über den „unerträglichen Krebsschaden" des „Agentenunwesens" der gewerbsmäßigen Stellenvermittlung.

3. Als erste regional organisierte Form der transnationalen Arbeitskräftevermittlung traten seit den 1890er Jahren in Preußen die Arbeitsnachweise der Landwirtschaftskammern auf den Plan. Strategisches Ziel dieser ‚Kammernachweise' war es, 1. die von den Arbeiterhändlern hochgeschraubten Provisionsgebühren zu drücken, 2. die von den landwirtschaftlichen Arbeitgebern zu tragenden hohen inländischen Reisekosten für ausländische Arbeiter durch die Organisation von Massentransporten auf dem Schienenweg zu senken und 3. dem durch das „Agentenunwesen" gesteigerten „Kontraktbruch der Landarbeiter als Massenerscheinung" einen Sperriegel vorzuschieben. Dabei geriet die Geschichte der landwirtschaftlichen Kammernachweise zur Geschichte eines mit allen Mitteln geführten Konkurrenzkampfes in- und ausländischer Agenten auf dem „Menschenmarkt" im östlichen Ausland, auf dem sich, vor allem in den Grenzbezirken, zunehmend auch die Agenten der Kammernachweise selbst ins umkämpfte Gehege kamen.

Das führte bereits 1900 zu dem im preußischen Landesökonomie-Kollegium diskutierten Plan, eine überregionale Rekrutierungs-, Vermittlungs- und Kontrollinstitution zu schaffen, der sich alle größeren Landwirtschaftskammern mit ihren Arbeitsnachweisen angliedern sollten. Damit begann der Weg zur preußischen ‚Deutschen Feldarbeiterzentrale', deren Entstehungsgeschichte wiederum zur Geschichte

eines Konkurrenzkampfes geraten sollte, da sich die landwirtschaftlichen Kammernachweise durch diese auch den politischen Interessen der preußischen Staatsregierung dienende Zentralinstitution in ihren ökonomischen Interessen eingeengt sahen. Der Konkurrenzkampf griff über auf die „Rekrutierungsgebiete“ im östlichen Ausland, wo sich private Beauftragte preußischer Arbeitgeber, kommerzielle Agenten sowie die Agenten von Kammernachweisen und Feldarbeiterzentrale gegenseitig Arbeiter und Kontrakte abzujagen suchten. Damit wurde dieser Konkurrenzkampf zur unmittelbaren Gefahr, zumal im östlichen Ausland „die deutsche Nachfrage nicht allein am Markte“ war und überdies nicht nur deutsche mit ausländischen Rekrutierungsagenten konkurrierten, sondern auch mit den erwähnten Auswandererwerbern der großen deutschen Transatlantiklinien. In Galizien wurden landwirtschaftliche Großproduzenten durch das Anwachsen von „Preußengängerei“ und Überseeauswanderung schließlich genötigt, ihrerseits Landarbeiter durch Agenten anwerben zu lassen. Der nicht unbegründete Argwohn ausländischer Regierungen, die Arbeitswanderung nach Preußen-Deutschland könne jenseits der Grenzen in Überseeauswanderung über deutsche Häfen einmünden, tat ein übriges, die preußische Regierung unter unmittelbaren Zugzwang zu bringen.
4. Der entscheidende Schachzug im Machtkampf auf dem Arbeitsmarkt gelang mit der Verschränkung von Vermittlungs- und Legitimationsfunktionen in der Feldarbeiterzentrale: Mit der Übertragung des „Legitimationsmonopols“ auf die Zentrale bahnte sich 1907 der endgültige Durchbruch an. Mit der Verdichtung und Perfektionierung des Legitimationszwanges und seiner Ausdehnung auf alle in Preußen beschäftigten ausländischen Arbeitskräfte wuchs die Machtposition der privatrechtlich konstituierten und mit amtlichen Funktionen ausgestatteten Feldarbeiterzentrale gegenüber den preußischen Landwirtschaftskammern. Jeder ausländische Arbeiter, der preußisches Gebiet betrat, mußte mit der erwähnten Legitimationskarte ausgestattet sein, die allein die Zentrale ausstellen konnte. Bis 1908/09 gelang es, die Arbeitsnachweise der Landwirtschaftskammern unter dem Dach der Zentrale zu vereinigen. Damit änderte sich das Wanderungsgeschehen im östlichen Grenzraum von Grund auf: Weil sich jeder ausländische Arbeiter an der Grenze seine Legitimationskarte holen mußte, genügte es, zur Kanalisierung des Wanderungsstromes von der Zentrale geleitete ‚Grenzämter‘ einzurichten, die die entsprechenden Formulare bereithielten. 1913 verfügte die Zentrale über insgesamt 39 Grenzämter mit großen Barackenlagern, die zusammen täglich bis zu 10000 Arbeiter

aufnehmen konnten, über drei Abfertigungsstellen, sechs Vermittlungsämter und vier Geschäftsstellen; mit ihrem Kontrollnetz umspannte sie fast die gesamte preußisch-deutsche Reichsgrenze.

2.2. Die ‚Wanderarbeiterfrage': öffentliche Diskussion und amtliche Politik

Der landwirtschaftliche Arbeitsmarkt im preußischen Osten wurde vom Beginn der 1880er Jahre bis zum Ersten Weltkrieg in besonderem Maße von Massenwanderungen betroffen: Die Ostprovinzen waren in diesen Jahrzehnten zunächst Hauptausgangsräume von Überseeauswanderung und ‚Landflucht' und wurden dann erste Hauptzielräume der über die Ostgrenzen nachrückenden kontinentalen Zuwanderung, die die durch Auswanderung und ‚Landflucht' in den landwirtschaftlichen Arbeitsmarkt gerissenen Lücken schloß; denn den betriebswirtschaftlich günstigsten Ausweg aus der ‚Leutenot' im preußischen Osten bot die Rekrutierung von „billigen und willigen" Arbeitskräften im östlichen Ausland: absolut „billig" durch Niedriglöhne, relativ „billig" durch Saisonverträge, die im Winter keine unproduktiven Lohnkosten verursachten; „willig", weil diese ausländischen ‚Preußengänger' bereit waren, in von einheimischen Arbeitskräften nicht mehr akzeptierte Arbeitsbedingungen einzutreten, und dabei stets „unter dem Damoklesschwert der Ausweisung" arbeiteten.
Wirtschaftsgeschichtlich hatte die Ausländerbeschäftigung im Kaiserreich verschiedene Ersatz-, Zusatz- und Pufferfunktionen: Sie balancierte durch Wanderungsverluste ausgelöste Störungen der Angebot-Nachfrage-Relation auf dem landwirtschaftlichen Arbeitsmarkt und deckte zugleich den im Zuge der Agrarmodernisierung steigenden saisonalen Zusatzbedarf an Arbeitskraft. Sie rettete damit die hochverschuldete und unter dem Druck der internationalen Verdrängungskonkurrenz auf dem Weltagrarmarkt seit Mitte der 1870er Jahre in die Krise geratene großbetriebliche Agrarproduktion aus der seit Ende der 1880er Jahre rapide wachsenden ‚Leutenot'. Und sie beschleunigte dann ihren Aufschwung in der langen Agrarkonjunktur vom Ende der 1890er Jahre bis zum Ersten Weltkrieg, die den entscheidenden Modernisierungsschub brachte. Dabei konnte die ausländische landwirtschaftliche Reservearmee in dem von agrarkapitalistischer Rationalisierung, von Intensivierung und Mechanisierung bestimmten Wandel von Betriebsorganisation, Bodenkultur und Produktionsformen als Motor wie als Bremse der Modernisierung eingesetzt werden: Wo

Bodenqualität, Reinertrag und Betriebskapital die Umstellung auf intensive Bodenkultur noch nicht gestatteten, konnte angesichts des unbegrenzten Angebots an billiger ausländischer Arbeitskraft und der damit ermöglichten ‚Saisonalisierung' der Lohnkosten extensiv weitergewirtschaftet werden, bis der erneute Anstieg der Erzeugerpreise in der langen Agrarkonjunktur jene Reinertragssteigerung brachte, die die kapitalintensive Modernisierung ermöglichte. Hier spielte die disponible ausländische Einsatzreserve dann deswegen eine so große Rolle, weil ihr Einsatz genau an der schwankenden Grenze der betriebswirtschaftlichen Arbeitskapazität kalkuliert werden konnte, ohne außerhalb der Saison unproduktive Lohnkosten zu verursachen.
Ähnliches galt für den — vom Maschinendrusch abgesehen — zur Zeit der Agrarkrise im preußischen Osten nur zögernd voranschreitenden und erst in der anschließenden Agrarkonjunktur sprunghaft zunehmenden Maschineneinsatz: Wo die Reinerträge nur knapp über der Rentabilitätsgrenze gehalten werden konnten, wo Investitionskapital fehlte oder die Verschuldung eine kreditäre Investitionsfinanzierung blockierte und die kapitalintensive Umstellung auf den arbeitssparenden Maschineneinsatz verzögerte, war hinreichend ausländische Arbeitskraft verfügbar, deren Saisoneinsatz eine indirekte Reinertragssteigerung auf dem Umweg über relative Lohnkostensenkung ermöglichte. Das aber minderte von der Arbeitsmarktseite her den Rationalisierungsdruck und konnte den Übergang zum Einsatz arbeitssparender Einrichtungen gerade deswegen verzögern, weil ausländische Arbeitskraft mittelfristig billiger war als ein Maschinenpark. Disponibilität und Kalkulierbarkeit des Kostenfaktors Arbeitskraft erreichten ein bis dahin nicht gekanntes Ausmaß.
In Preußen bildete sich so in den beiden Jahrzehnten vor dem Ersten Weltkrieg nicht nur in der Landwirtschaft, sondern auch in Tiefbau und Montanindustrie bereichsweise deutlich ein doppelter Arbeitsmarkt heraus. Auf seiner internationalisierten unteren Ebene verrichteten ausländische Arbeitskräfte häufig die am wenigsten geschätzten Schwerstarbeiten, bei denen zweierlei zusammentraf: mäßige Anforderungen an fachliche Qualifikation und Arbeitsbedingungen, die einheimische Arbeitskräfte abschreckten, für ausländische jedoch aufgrund ihrer Lage in ihren Herkunftsgebieten noch beträchtliche Anziehungskraft hatten. Zudem waren gerade in Landwirtschaft, Tiefbau und Montanindustrie die am wenigsten geschätzten Tätigkeitsbereiche häufig relativ hoch bezahlt — ein zusätzlicher Grund dafür, daß sich ausländische Arbeitskräfte, die nicht auf Einwanderung, sondern nur auf Lohn-

geldtransfer ins Herkunftsgebiet ausgehen konnten, gerade hier konzentrierten. Die Herausbildung eines doppelten Arbeitsmarktes im ‚Arbeitseinfuhrland‘ und die Spannungslagen auf seiner internationalisierten unteren Ebene führten in der zeitgenössischen Debatte um das Für und Wider der Ausländerbeschäftigung zu Interessenkollisionen in den verschiedensten Bereichen.

1. Im „Saisongewerbe“ Landwirtschaft war, wie zuerst Max Weber erkannte, ausländische Arbeitskraft grundsätzlich „immer billiger“ als einheimische. Zur Deckung kamen dabei im preußischen Osten das politische Interesse an einer Eindämmung der „Polonisierung des Ostens“ durch den Rückkehrzwang in der winterlichen Sperrfrist und das ökonomische Interesse landwirtschaftlicher Arbeitgeber an relativer Lohnkostensenkung durch Ausländerbeschäftigung im Saisonvertrag. Und doch war dies nur eine kurzfristige und oberflächliche Korrespondenz politischer und ökonomischer Interessen, die sich schon bald ins Gegenteil verkehren sollte: Die betriebswirtschaftlichen Vorteile der Ausländerbeschäftigung im Saisonvertrag gegenüber der Dauerbeschäftigung einheimischer Arbeitskräfte ließen das Interesse landwirtschaftlicher Arbeitgeber an den „billigen und willigen“ ausländischen Arbeiterkolonnen zusehends über die Grenze des Ersatzbedarfs hinaus ansteigen. Wo aber diese Grenze überschritten wurde, schien sich internationale Verdrängungskonkurrenz auf dem landwirtschaftlichen Arbeitsmarkt abzuzeichnen. Das war der ökonomische Hintergrund der von Max Weber ausgehenden, die Front zwischen ökonomischen und politischen Interessen erneut aufreißenden „Verdrängungstheorie“ in den Kontroversen um die „Polonisierung des Ostens“ durch Zuwanderung aus dem östlichen Ausland.

Erscheinungsformen direkter internationaler Verdrängungskonkurrenz aber gab es nur bei zwei sozialen Randgruppen: bei einheimischen ortlosen Wanderarbeitern, deren Bewegung dem reinen Lohnsog folgte, und bei jenen traditionsreichen einheimischen ‚Sachsengängern‘ (‚Schnittern‘, ‚Rübenwanderern‘), die in der sommerlichen Hochsaison auf Zeit ihre bäuerliche Kleinstelle verließen, um sich in Distrikten mit intensivem Fruchtwechsel und starkem Hackfruchtbau zu Spitzenlöhnen zu verdingen. In noch extensiv wirtschaftenden, im Lohnangebot zurückgebliebenen Gebieten traten in den 1890er Jahren stellenweise Züge direkter Lohnkonkurrenz deswegen zutage, weil ausländische Arbeitskräfte die Lohnforderungen einheimischer unterboten. Wenngleich sich das Lohnniveau der ausländischen bald auch hier dem der einheimischen Landarbeiter näherte, trug das Überangebot an ausländischer Arbeitskraft doch wesentlich dazu bei, den Lohndruck zu mindern und damit die Angleichung an im Lohnniveau fortgeschrittenere westliche Gebiete zu verzögern. Die Lohnkonkurrenz verstärkte deswegen Anfang der 1890er Jahre kurzfristig die saisonale ‚Sachsengängerei' in schon intensiv wirtschaftende, Spitzenlöhne zahlende Gebiete, bis einheimische Saisonwanderer und ortlose Wanderarbeiter auch hier von der nachrückenden ausländischen Reservearmee eingeholt und abgedrängt wurden: Die ausländischen Saisonarbeiterkolonnen traten hier zwar nicht zu niedrigeren Löhnen an, statt dessen aber, im eigenen ökonomischen Interesse, ‚willig' im saisonalen Geldakkord und zu niedrigen, den reinen Geldlohn steigernden Verpflegungssätzen, mithin zu Arbeitsbedingungen, die von den traditionsreichen Wanderkolonnen einheimischer ‚Schnitter' und ‚Rübenwanderer' zumeist nicht akzeptiert wurden. Ihre Spuren verloren sich in der zur Massenbewegung aufsteigenden Ost-West-Wanderung.

Für die Frage nach den „Ursachen" jenes „Abzuges nach dem Westen" insgesamt indes griff Max Webers Theorie von der direkten internationalen Verdrängungskonkurrenz zu kurz. Der Zusammenhang zwischen der ‚Landflucht' einheimischer und der Zuwanderung ausländischer Landarbeiter lag tiefer: Die Saisonalisierung der Lohnkosten in der Betriebskostenrechnung durch den Einsatz ausländischer Saisonarbeiterkolonnen verschärfte die Saisonalisierung von Arbeitsmarkt und Erwerbsangebot, die in Wechselwirkung stand mit Intensivierung der Bodenkultur, Rationalisierung der Produktionsorganisation und Verfall der gutswirtschaftlichen Arbeits- und Sozialordnung. Die vom ständig wachsenden Zustrom ausländischer Saisonarbeiter und besonders von ihrem Einsatz im saisonalen Geldakkord forcierte Saisonalisierung des Erwerbsangebots aber bedeutete für einheimische, auf möglichst dauerhafte Beschäftigung des Haupterwerbstätigen angewiesene Landarbeiterfamilien tendenziellen Lohnverlust: Auch steigende Saisonlöhne vermochten den Lohnverlust nicht auszugleichen, der einherging mit der Abnahme des Erwerbsangebots außerhalb der Saison. Die Existenz der Landarbeiter wurde marktabhängiger, unstabiler und unsicherer als die der industriellen Lohnarbeiter. Die Folge war, daß das nicht nur höhere und schneller steigende, sondern auch ‚saisonstabile' Lohnniveau städtisch-industrieller Arbeitsmärkte eine um so stärkere Sogkraft entfalten konnte.

Das unbegrenzte Saisonangebot an ausländischer Arbeitskraft beschleunigte bei gleichzeitigem Verbot, Wanderungsverluste im Gesindepersonal und unter den gebundenen Gutstagelöhnern dauerhaft durch Arbeitswanderer aus dem östlichen Ausland zu ersetzen, in den großbetrieblichen Distrikten der preußischen Ostprovinzen auch den Umbruch von der überkommenen gutswirtschaftlichen zur agrarkapitalistischen Wirtschafts- und Arbeitsverfassung. Deshalb wurde die ‚Leutenot' auf dem landwirtschaftlichen Arbeitsmarkt der Nordostgebiete durch den saisonalen Zustrom aus dem östlichen Ausland zwar in ihren Folgen äußerlich gedämpft, zugleich aber in ihren inneren Bestimmungsfaktoren weiter vorangetrieben. Deswegen konnte die zur Massenbewegung anschwellende kontinentale Zuwanderung zu einem zusätzlichen Antriebsfaktor von Mobilisierung und Abwanderung werden und mittelbar die Verschiebung eines wachsenden Teils des einheimischen Landproletariats der Nordostgebiete ins Industrieproletariat Mittel- und Westdeutschlands beschleunigen. Die tiefgestaffelte Kontroverse darüber, ob die kontinentale Zuwanderung aus dem östlichen Ausland „Ursache oder Folge des Abzuges der deutschen Landarbeiter" sei, konnte zu keiner Einigung führen, weil die schon in der Streitfrage vorgegebene Alternative das Problem unlösbar verzerrte. Die kontinentale Zuwanderung war weder allein Folge noch allein Ursache der Abwanderung einheimischer Landarbeiter, sondern phasenverschoben beides zugleich: zuerst unmittelbare Folge der ‚Leutenot' und dann, von Einzelformen direkter Verdrängungskonkurrenz abgesehen, indirekt wirkende, zusätzlich wanderungsbestimmende Schubkraft im wechselseitigen Wirkungszusammenhang der Entwicklung von Wirtschaft, Arbeitsmarkt und Wanderung.

2. Eine zweite Frontlinie zwischen ökonomischen und politischen Interessen markierte in Preußen der Konflikt um die Zulassung ausländisch-polnischer Arbeitskräfte in den westlichen Provinzen: 1890 zunächst nur in den landwirtschaftlichen und industriellen Betrieben der östlichen Grenzprovinzen zugelassen, durften die aus ‚Kongreßpolen' stammenden, von der preußischen Staatsregierung demonstrativ als „russische Arbeiter" bezeichneten Polen seit 1891 auch für die westlichen Provinzen angeworben werden. Hier aber beschränkte man sie, um sie von den preußischen ‚Ruhrpolen' fernzuhalten, strikt auf landwirtschaftliche Betriebe und deren Nebenbetriebe. Diese Beschränkung wurde von den in der Hochkonjunkturphase ebenfalls zunehmend über Arbeitskräftemangel klagenden westlichen Industriebetrieben als konkurrenzschädigende Benachteiligung gegenüber den östlichen verstanden und hart bekämpft, bis hin zur Drohung, die Arbeiteranwerbung in der von ‚Leutenot' geplagten Landwirtschaft des Ostens noch weiter zu intensivieren. Dennoch wurden ausländisch-polnische Arbeitskräfte auf dem

industriellen Arbeitsmarkt im preußischen Westen nur in Ausnahmefällen zugelassen und die Antragsteller statt dessen animiert, andere ausländische Arbeitskräfte anzuwerben. Die generelle Zulassung blieb aus, und der politisch-ökonomische Interessenkonflikt schwelte weiter.
3. Ebenso umstritten war die Rolle der ‚ausländischen Wanderarbeiter' in nichtlandwirtschaftlichen Beschäftigungsbereichen, vor allem im Bauwesen, dem bevorzugten Tätigkeitsfeld italienischer Arbeitskräfte. Hier war der Ausländereinsatz besonders den Freien Gewerkschaften Anlaß für die verstärkte Agitation gegen die „Ausbeutung" ausländischer „Lohnsklaven", aber auch der preußisch-polnischen Minderheit als „Lohndrücker", „Schmutzkonkurrenten" und „Streikbrecher". Auf der internationalisierten unteren Ebene des doppelten Arbeitsmarktes freilich gab es solche Verdrängungskonkurrenz auch hier nur bedingt: Selbst die Deutsche Gesellschaft zur Bekämpfung der Arbeitslosigkeit mußte in einer stark auf die Restriktion der Ausländerbeschäftigung abstellenden Studie zugestehen: „Die Tatsache, daß inländische Arbeitslose vorhanden sind, darf keineswegs von vornherein die Einführung von Ausländern in allen Fällen ausschließen; es gibt gewisse schwere und schmutzige Arbeiten, zum Beispiel im Tiefbau, denen im allgemeinen inländische Arbeitskräfte auf die Dauer nicht gewachsen sind, und die auch von ihnen überhaupt nicht oder doch nur vorübergehend angenommen werden." Das gleiche bestätigte polemisch der Agrarhistoriker Sartorius von Waltershausen im Blick auf die italienischen Arbeitskräfte im deutschen Tiefbau: „Die genannten Arbeiten sind anstrengend, vielfach die Gesundheit aufreibend, oft schmutzig und widerlich und werden daher in denjenigen Gebieten, wo die Arbeiterschaft verweichlicht oder bequem geworden ist und vermöge ihrer politischen Selbstherrlichkeit einen Anspruch auf leichtere Arbeit zu haben glaubt, gern abgelehnt, wenn sich nur irgendeine angenehmere Tätigkeit finden läßt". Die Nachfragestruktur von erwerbslosen einheimischen Arbeitskräften entsprach weithin nicht oder nur bedingt der Beschäftigungsstruktur der ausländischen Arbeitskräfte bzw. der Struktur des Beschäftigungsangebots, das durch ihre Entlassung für einheimische Arbeitskräfte freigegeben worden wäre. Dennoch blieben der von gewerkschaftlicher Seite geforderte Schutz einheimischer Arbeitskräfte gegen eine von Unternehmerseite gezielte ausländische Lohnkonkurrenz und die von nationalistischen Kreisen geführte Agitation gegen die „Ausländerei" auf dem deutschen Arbeitsmarkt feste Frontpositionen in der Diskussion um die Ausländerbeschäftigung im kaiserlichen Deutschland.

4. Ein anderer, damit schon angedeuteter Problemkreis im Konflikt um die Ausländerbeschäftigung war der Zusammenhang von Arbeitswanderung, Arbeitslosigkeit und Arbeitsvermittlung: Die Arbeitswanderung war wesentlich Ausdruck der regional unterschiedlichen Spannung von Angebot und Nachfrage auf dem Arbeitsmarkt. Sie baute indes nicht nur Spannungen ab, sondern führte ihrerseits auch zu Störungen in der Angebot-Nachfrage-Relation, die wiederum durch wachsende Ausländerbeschäftigung ausgeglichen wurden. Weil die öffentliche Arbeitsvermittlung in den Vorkriegsjahren erst zögernd vorankam, stand der Spannungsausgleich auf dem Arbeitsmarkt noch weithin im Zeichen eines Wanderungsausgleichs mit volkswirtschaftlich teuren Reibungsverlusten durch häufig „überflüssige Wanderungen“ von Arbeitskräften. Vielbeklagt war hier die Tatsache, daß bei der nachgerade ruckartigen Gewichtsverlagerung zwischen den Beschäftigtenanteilen von Landwirtschaft und Industrie im Wandel vom Agrar- zum Industriestaat Arbeitslosigkeit und Unterbeschäftigung bei stagnierendem Lohnniveau zusammentrafen mit akutem Arbeitskräftemangel bei verschärftem Lohndruck in anderen Bereichen des Arbeitsmarkts:
Das galt für die Spannung zwischen ländlichen Abwanderungsgebieten mit wachsender ‚Leutenot‘ und städtisch-industriellen Zuwanderungsgebieten, in denen bei anhaltendem einheimischem Arbeitskräftezustrom bereichsweise Erscheinungen von Lohnkonkurrenz, Unterbeschäftigung und Arbeitslosigkeit deswegen verschärft wurden, weil über die ‚Sättigungsgrenze‘ auf dem lokalen Arbeitsmarkt hinweg zusätzlich noch ausländische Arbeitskräfte zuströmten oder aber arbeitslose einheimische nicht mehr bereit waren, auf der unteren Ebene des doppelten Arbeitsmarkts in Konkurrenz zu den ausländischen zu treten. Kommunen schlugen Alarm wegen der vermeintlichen Dequalifizierung von Arbeitsplätzen durch Ausländerbeschäftigung: Es fielen kommunale Versorgungslasten für erwerbslose einheimische Arbeitskräfte an, während zugleich Lohngelder aus dem lokalen Markt ins Ausland transferiert würden. Das Angebot auf dem lokalen Wohnungsmarkt schrumpfe, seine Qualität sinke, während zugleich die Mietpreise für in elende Kleinstquartiere zerlegte Arbeiterwohnungen stiegen. — Wege zur Begrenzung des volkswirtschaftlich teuren Arbeitsmarktausgleichs durch Wanderung wies erst der Ausbau von Arbeitsmarktbeobachtung und Arbeitsvermittlung im Kontext der öffentlichen Arbeitsverwaltung. Er wurde durch die Kriegswirtschaft forciert, fand seinen Abschluß aber erst mit dem Gesetz über Arbeitsvermittlung und Arbeitslosenversicherung von 1927.

5. Ein weiterer, eng mit der Frage nach der umstrittenen, weil je nach Interessenstandpunkt verschieden angesetzten ‚Sättigungsgrenze' auf dem Arbeitsmarkt verbundener Streitpunkt war die Pufferfunktion der Ausländerbeschäftigung in konjunkturellen Wechsellagen, vor allem in der Montanindustrie: „Endlich verlange die Industrie bei dem Wechsel zwischen Hoch- und Tiefkonjunktur eine gewisse Ausdehnungsmöglichkeit in Bezug auf die Arbeiterzahl", gab der Vertreter des Handelsministeriums in den Beratungen des preußischen Staatsministeriums über Arbeitsmarkt- und Wanderungspolitik schon 1895 zu Protokoll. „Beschränke man die Industrie auf inländische Arbeiter, so würde bei einem Rückgang der Industrie eine größere Anzahl von Arbeitern brotlos und vermehrten sie dadurch die unzufriedenen Elemente. Dagegen könne man ausländische Arbeiter in solchem Falle ohne weiteres abstoßen." Ganz entsprechend konnte das Breslauer Oberbergamt 1911 bestätigen: „Insoweit eine Reduktion der Belegschaft zu gewissen Zeiten oder in gewissen Industriezweigen sich als notwendig herausstellte, erfolgte zunächst ausschließlich die Abstoßung der Ausländer".

Der Spannungsabbau durch „Abstoßung der Ausländer" indes funktionierte nur bei jenen Arbeitskräften aus dem östlichen Ausland, die im Geltungsbereich von Legitimations- und Rückkehrzwang mit dem Arbeitsvertrag auch die Aufenthaltsgenehmigung verloren. Zu ganz anderen Ergebnissen konnte diese „Abstoßung" führen, wenn — wie in den beiden kurzen Rezessionsphasen 1900/02 und 1907/08 — Kriseneinbrüche auf den industriellen Arbeitsmarkt durchschlugen und entlassene ausländische Arbeitskräfte, die dem Rückkehrzwang nicht unterlagen, in anderen Beschäftigungsbereichen in direkte Verdrängungskonkurrenz mit einheimischen Kräften traten. Auch dies änderte sich erst durch die Verbindung von Arbeitsvermittlung und Ausländerzulassung in der Weimarer Republik. Die Frage nach der nur in der ‚reinen Ökonomie' definierbaren, fließenden ‚Sättigungsgrenze' auf dem Arbeitsmarkt aber blieb im Konflikt um die Ausländerbeschäftigung in Weimar ähnlich umstritten, wie sie es in den Jahrzehnten vor dem Ersten Weltkrieg war.

6. Ein letztes großes Problemfeld der zeitgenössischen Diskussion um die Ausländerzulassung schließlich bildeten Schranken, die den beruflich-sozialen Aufstieg ausländischer Arbeitskräfte und fremdsprachiger Minderheiten erschwerten und denjenigen einheimischer Arbeitskräfte indirekt erleichterten. Das galt nicht nur für dem jährlichen Rückkehrzwang unterliegende ausländische Arbeiterkolonnen. Bei ihnen war be-

ruflich-sozialer Aufstieg ohnehin ausgeschlossen. Es galt auch für jene Arbeitskräfte aus dem östlichen Ausland, die mit jährlich zu erneuernden Ausnahmegenehmigungen in montanindustriellen Beschäftigungsbereichen dauerhaft zugelassen waren. Wichtig war hier vor allem die ‚Sprachklausel', die Ende der 1890er Jahre ins preußische Bergrecht aufgenommen wurde: Sie diente einerseits der Betriebssicherheit und erschwerte andererseits den beruflich-sozialen Aufstieg ausländischer Arbeitskräfte, aber auch der preußisch-polnischen Minderheit im oberschlesischen Montandistrikt und in den ‚Polenzechen' des Ruhr- und und Emscherreviers. Die ‚Sprachklausel' band die Übernahme von qualifizierten Arbeiten an die Kenntnis des Deutschen in Wort und Schrift. Die Einschätzung dieser Kenntnis aber oblag den einzelnen Betrieben. Das wiederum erhöhte nur die Abhängigkeit der Betroffenen vom jeweiligen Vorgesetzten und die von einheimischen Arbeitskräften so vielgeschmähte „kriecherische" Dienstbereitschaft und „Unterwürfigkeit" der „dummen Polacken".

Aber auch unabhängig davon förderte die Benachteiligung ausländischer Arbeitskräfte nicht selten den beruflich-sozialen Aufstieg von einheimischen: „Wenn man sich", berichtete 1911 das Königliche Oberbergamt in Breslau, bei der Ausländerbeschäftigung bislang „streng" an gewisse „Grundsätze" gehalten habe, so daran, „die ausländischen Arbeiter, da sie ungeübt und wenig intelligent sind, ausschließlich zu den schlechter bezahlten, nur geringe oder gar keine Geschicklichkeit erfordernden Arbeiten zu verwenden, den einheimischen Leuten dagegen die lohnenderen, aber auch mehr Überlegung und Gewandtheit erfordernden Arbeiten zu übertragen." Beiläufig wurde angemerkt, „daß infolge der Heranziehung der Ausländer zu ausschließlich einfacheren und daher schlechter bezahlten Arbeiten die einheimischen Arbeiter in einem verhältnismäßig jungen Lebensalter bei besser bezahlten Arbeiten beschäftigt werden, demzufolge größere Verdienste erzielen und in eine günstigere materielle Lage kommen". Dies war der Zusammenhang, den Sartorius von Waltershausen mit dem Hinweis auf jene subproletarische ausländische „Arbeiterschicht zweiten Grades" ansprach, deren Zugehörige in Deutschland Funktionen erfüllten, wie sie „der Neger in den nordamerikanischen Oststaaten, der Chinese in Kalifornien, der ostindische Kuli in Britisch-Westindien, der Japaner in Hawaii, der Polynesier in Australien" übernehme.

Der Konflikt um die Ausländerbeschäftigung spaltete in Deutschland die organisierten Interessen auf dem Arbeitsmarkt, trennte in Betrieben und Distrikten mit starker Ausländerbeschäftigung in Zeiten angespannter Arbeitsmarktlage einheimische Arbeitnehmer und Arbeitgeber, aber auch einheimische und ausländische Arbeitskräfte und reichte von Kommunalverwaltung und Landratsamt bis hinauf ins preußische Staatsministerium. In der internationalen Diskussion standen neben Regierungsvertretern auch die Vertreter von Arbeitgeber- und Arbeitnehmerinteressen des ‚Arbeitseinfuhrlandes' gegen diejenigen der Herkunftsländer der ‚ausländischen Wanderarbeiter' in den Verhandlungen um Aus- und Einreisegenehmigungen, arbeits- und sozialrechtliche Fragen der bilateralen ‚Arbeits- und Wanderungsverträge'. Die Freien Gewerkschaften im ‚Arbeitseinfuhrland' aber blieben in ihrem Kampf für die Gleichstellung ausländischer und einheimischer Arbeitskräfte einerseits und gegen die unumschränkte Ausländerzulassung andererseits eingespannt in den gewerkschaftlichen Zielkonflikt zwischen proletarischem Internationalismus und nationaler Arbeitnehmervertretung. In der ‚Wanderarbeiterfrage' erlebte Deutschland mithin seit den 1890er Jahren und über den Ersten Weltkrieg hinweg bis in die Anfangsjahre der Weimarer Republik hinein in der öffentlichen Diskussion Interessenkonflikte um die Ausländerzulassung, wie sie nach Reichweite und Intensität ansonsten nur in den Auseinandersetzungen um Fragen der Einwanderungspolitik in echten Einwanderungsländern begegneten.

Selbst im Ersten Weltkrieg, der Überseeauswanderung und kontinentale Zuwanderung abschnitt, erfüllte die ausländische Reservearmee in Deutschland entscheidende Ersatzfunktionen. Zu Beginn der letzten landwirtschaftlichen Arbeitssaison noch war die ‚russische Drohung' — die Abschnürung der für die Agrarproduktion im preußischen Osten lebenswichtigen transnationalen Saisonwanderung — in furchterregende Nähe gerückt, bestätigte doch eine eigens dafür eingesetzte Studienkommission: „Ein Ausbleiben der ausländischen Wanderarbeiter stellt die Volksernährung in Frage." Es war 1914 ein durchaus geplantes „Glück für die deutsche Landwirtschaft, daß sie damals die größte überhaupt erreichte Zahl ausländischer Wanderarbeiter beschäftigte". Der jährliche Rückkehrzwang in der Karenzzeit für russisch-polnische Saisonarbeiter wurde aufgehoben, ihnen und allen anderen Arbeitswanderern aus dem nunmehr feindlichen Ausland zunächst die Rückkehr untersagt; Saisonarbeitern österreichischer Staatsangehörigkeit wurde sie, von Militärpflichtigen abgesehen, administrativ erschwert. Ohne diese auf dem landwirtschaftlichen Arbeitsmarkt zurückgehaltenen ausländischen Arbeitskräfte (im Oktober 1918 noch immer 374 000), die rasch durch Kriegsgefangene (Oktober 1918: 900 000) ergänzt wurden,

wäre im ersten totalen Krieg die ‚Heimatfront' sehr viel früher zusammengebrochen.
In der Weimarer Republik bestand, wie Schaubild 5 zeigt, das für die Vorkriegsjahre charakteristische Strukturbild der Ausländerbeschäftigung mit seiner jährlichen Fluktuation fort. Die Steuerung der Ausländerzulassung und ihre Beschränkung auf Ersatz- und Pufferfunktionen aber traten nicht nur deutlicher, sondern auch auf eine qualitativ ganz neue Weise zutage: Bestimmend für das Bewegungsmuster der kontinentalen Zuwanderung war, im Gegensatz zum Kaiserreich, nicht mehr die Ratio der antipolnischen Sicherheitspolitik, sondern diejenige der Arbeitsmarktpolitik. Der Absturz in der Kurve der Ausländerbeschäftigung 1919 hatte wesentlich damit zu tun, daß ein großer Teil der ausländisch-polnischen wie der ehemals preußisch-polnischen Arbeitskräfte in den neuen polnischen Staat zurück- oder nach Frankreich weiterwanderte. Die im Vergleich zur Vorkriegszeit erheblich niedrigere jährliche Fluktuation der Ausländerbeschäftigung aber war das Ergebnis restriktiver Kontingentierung im räumlich geschrumpften und wirtschaftlich verarmten Nachkriegsdeutschland. Das galt auch für die landwirtschaftliche Reservearmee aus dem östlichen Ausland, die — nach der Verschiebung der preußischen Ostgrenzen nach Westen und dem damit verbundenen Schrumpfen ihrer Haupteinsatzgebiete — in verringertem Umfang ihre Ersatzfunktionen, trotz hoher städtischer Arbeitslosenzahlen, bis zur Weltwirtschaftskrise weiter erfüllte.
Die anfangs nichtamtliche und 1907 durch die Übertragung des ‚Legitimationsmonopols' in Preußen zur halbamtlichen Institution aufgewertete preußische ‚Feldarbeiterzentrale' und spätere ‚Deutsche Arbeiterzentrale' (ab 1912) hatte, neben ihren Funktionen in Auslandsrekrutierung und Inlandsvermittlung ausländischer Arbeitskräfte, im System des Legitimationszwangs zunächst nur die jährliche Fluktuation des Ausländerstroms aufrechterhalten. 1921 begann durch die Verbindung des Legitimationsverfahrens mit dem im Arbeitsnachweisgesetz von 1922 verankerten Genehmigungsverfahren die Kontingentierung der Ausländerzulassung — zunächst in Industrie, Gewerbe und Dienstleistungsbereich. Die Arbeiterzentrale wurde auf Reichsebene zum zentralen Steuerungsorgan, als der nunmehr paritätisch geleiteten Institution 1922 das ‚Monopol' für die gesamte Vermittlung ausländischer Landarbeiter im Reich übertragen wurde, bei jährlicher Festlegung der Beschäftigtenzahlen zunächst durch die Landesämter für Arbeitsvermittlung und seit 1927 durch die neue Reichsanstalt für Arbeitsvermittlung und Arbeitslosenversicherung. Die Bestimmungen des Arbeits-

nachweisgesetzes von 1922, die in seinem Rahmen bis 1926 erlassenen Verordnungen und deren Anpassung an die neue Organisation der Arbeitsverwaltung von 1927 zielten mit der Einführung der jährlichen Genehmigungspflicht darauf ab, die Ausländerbeschäftigung in den Grenzen des Ersatz- und Zusatzbedarfs zu halten: Für ausländische Arbeitskräfte wurden Visa nurmehr erteilt, wenn die Arbeitsnachweise bestätigt hatten, daß entsprechende einheimische Arbeitskräfte nicht zur Verfügung standen. Deswegen auch gleicht die Kurve der Ausländerbeschäftigung in Industrie und Landwirtschaft der Weimarer Republik einer Art Krisenbarometer für die Entwicklung der Angebot-Nachfrage-Spannung auf dem Arbeitsmarkt: im Blick auf die Rückwirkungen des Ruhrkampfes 1923 auf den Arbeitsmarkt in den besetzten Gebieten und auf die Krisenzeit vom Herbst 1925 bis zum Frühjahr 1927 ebenso

Schaubild 5:
Die kontinentale Zuwanderung im Spiegel der Legitimationsdaten (1000) der Deutschen Arbeiterzentrale 1910–1932

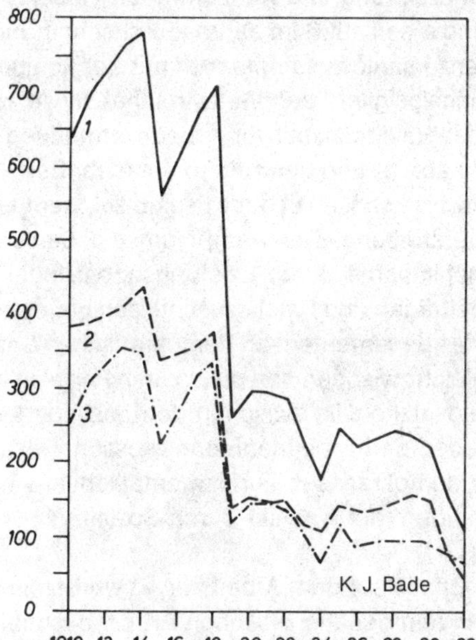

1. Ausländische Arbeitskräfte
2. Ausländische Landarbeiter
3. Ausländische Industriearbeiter

wie im Blick auf die Massenarbeitslosigkeit zur Zeit der Weltwirtschaftskrise, in der die Ausländerbeschäftigung insgesamt scharf abfiel. Die ausländischen Arbeitskräfte des Jahres 1932 waren in der Landwirtschaft zu etwa einem Drittel und in der Industrie fast durchweg deutschstämmig, seit Jahren im Reich ansässig, deshalb zumeist durch den begehrten ‚Befreiungsschein' der jährlichen Genehmigungspflicht enthoben und deutschen Arbeitern gleichgestellt.
Mit dem Ausbau der öffentlichen Arbeitsverwaltung und ihrer gesetzlichen Verankerung war bis 1927 ein komplexes und flexibles Instrumentarium zum Spannungsausgleich auf dem Arbeitsmarkt geschaffen worden. Überregional koordinierte Arbeitsmarktbeobachtung und Arbeitsvermittlung tendierten dahin, die volkswirtschaftlich teuren „überflüssigen Wanderungen" einheimischer Arbeitskräfte einzuschränken, während das über die Arbeitsverwaltung gesteuerte Genehmigungsverfahren die Ausländerbeschäftigung in den Grenzen des jährlichen Ersatz- und Zusatzbedarfs zu halten strebte. Der Einbruch der Weltwirtschaftskrise ließ dem neuen Instrumentarium kaum Bewährungschancen. Als die durch Rationalisierung und Konzentration verschärfte strukturelle Arbeitslosigkeit, die seit 1926 im Jahresdurchschnitt nicht mehr unter die Millionengrenze sank, zusammentraf mit der konjunkturell bedingten Massenarbeitslosigkeit der Weltwirtschaftskrise, wurde die Leistungsgrenze der Reichsanstalt für Arbeitsvermittlung und Arbeitslosenversicherung abrupt und bei weitem überschritten: Die überforderten Arbeitsnachweise sanken in der Krise ab zu ‚Stempelstellen' für die Arbeitslosenunterstützung. Der Kampf um die Sanierung der angeschlagenen Reichsanstalt durch Leistungsabbau oder Erhöhung von Versicherungsbeiträgen und Reichszuschüssen geriet 1929/30 ins Zentrum der Krise des parlamentarisch-demokratischen Sozialstaates. Der Interessenausgleich zwischen den politischen Parteien wurde blockiert durch den Grundsatzkonflikt zwischen den Sozialparteien der organisierten Arbeitgeber- und Arbeitnehmerinteressen. Der in Weimar mangelnde positive demokratische Fundamentalkonsens war in der Krise nicht mehr zu stiften, der Konflikt durch Sozialtechnik nicht mehr zu überbrücken.
Wege aus dem Chaos auf dem Arbeitsmarkt wurden in der Agonie der Republik noch in den deflationistischen Arbeitsbeschaffungsprogrammen unter Papen und Schleicher angetreten. Der Sieg über die Massenarbeitslosigkeit — durch deren modifizierte Weiterführung und Ergänzung durch die arbeitsintensiven Investitionsprogramme von Reichsbahn und Reichspost — indes war erst der nationalsozialistischen Ar-

beitspolitik gutzuschreiben, um den Preis einer radikalen Umfunktionierung des in Weimar geschaffenen Systems der wirtschaftsdemokratischen Arbeitsverwaltung: Das bis 1927 entwickelte neue Institutionengefüge der Arbeitsverwaltung wurde nach 1933 zu einem der wichtigsten Grundelemente deformiert, aus denen die nationalsozialistische Herrschaftsarchitektur schrittweise das wirtschafts- und sozialpolitische Fundament des totalen Staates baute. Mit der Umorientierung von der Arbeitsvermittlung zum ‚Arbeitseinsatz' begann der Weg zur Militarisierung der Arbeitswelt und zur Instrumentalisierung der Wirtschafts- und Sozialpolitik unter dem Primat der nationalsozialistischen Machtstaatspolitik.

3. Die ‚Fremdarbeiterfrage' im nationalsozialistischen Deutschland bis 1939 und im Zweiten Weltkrieg

Der Nationalsozialismus und seine Folgen in Krieg und Nachkriegszeit bedingten grundlegende Veränderungen auch in der räumlichen Bevölkerungsbewegung: An die Stelle der überkommenen Formen, Bestimmungskräfte und Entwicklungsbedingungen der klassischen deutschen Überseeauswanderung trat die politisch und rassenideologisch bedingte Emigration ins europäische und überseeische Ausland[25], an die Stelle der ‚Wanderarbeiterfrage' die ‚Fremdarbeiterfrage'[26]. Hinzu kamen die zu Beginn des Zweiten Weltkrieges einsetzenden Zwangsumsiedlungen im Osten[27], Flucht und Vertreibung der Deutschen aus dem Osten am Ende des Zweiten Weltkrieges[28] und die Integration der Flüchtlinge und Vertriebenen im westlichen Deutschland nach 1945, die für viele von ihnen zu einem echten Einwanderungsprozeß innerhalb der gleichen Nation geriet[29]. Von diesen Sonderentwicklungen räumlicher Bevölkerungsbewegung wird in diesem knappen Exkurs nur die ‚Fremdarbeiterfrage' skizziert, innerhalb derer in den Jahren bis zum Kriegsausbruch einige der bislang verfolgten Entwicklungslinien in veränderter Form weiterliefen, während die Zeit des Zweiten Weltkrieges auch hier eine scharf abgegrenzte historische Ausnahmesituation bildete.

In der Weimarer Republik hatte der Umfang der jährlich fluktuierenden Ausländerbeschäftigung ständig abgenommen, bis sich die Spuren der ‚ausländischen Wanderarbeiter' auf dem deutschen Arbeitsmarkt zur Zeit von Weltwirtschaftskrise und Massenarbeitslosigkeit fast vollends verloren. Mit der nationalsozialistischen ‚Fremdarbeiterpolitik' begann ein neues und vor allem zur Zeit des Zweiten Weltkrieges besonders tragisches Kapitel in der Geschichte der Ausländerbeschäftigung in Deutschland. Es war weit mehr als eine bloß verschärfte Fortsetzung der Rekrutierung ‚ausländischer Wanderarbeiter' in Kaiserreich und Weimarer Republik, obgleich auch die Kriegswirtschaft des Ersten Weltkriegs schon Deportationspläne für besetzte Gebiete und den Arbeitszwang für die im Reich zurückgehaltene industrielle und vor allem landwirtschaftliche Reservearmee aus dem seit Kriegsausbruch feindlichen Ausland kannte. Deshalb ist auch die ‚Fremdarbeiterfrage' im Dritten Reich und insbesondere im Zweiten Weltkrieg mit der in Kaiserreich und

Weimarer Republik vorausgegangenen ‚Wanderarbeiterfrage' ebensowenig vergleichbar wie mit der ‚Gastarbeiterfrage' in der Bundesrepublik.
Nach der Überwindung der Massenarbeitslosigkeit im nationalsozialistischen Deutschland eröffneten sich bis zum Ausbruch des Zweiten Weltkrieges aufs neue Arbeitskräftelücken, die zum Teil mit ausländischen Arbeitskräften geschlossen wurden. Schon 1934 hatte vor allem der Aufschwung in der Bauwirtschaft die ‚Landflucht' wieder stärker in Gang kommen lassen, so daß zur Erntezeit Arbeitskräfte in der Landwirtschaft fehlten. Während die Forcierung der Rüstungswirtschaft, der damit verbundene Wirtschaftsboom und die Einberufungen zur Wehrmacht zu allgemeiner Arbeitskräfteverknappung führten, stand die Landwirtschaft in der Konfrontation mit ständig wachsenden Arbeitskräfteproblemen 1938 schließlich „objektiv vor Toresschluß"[30]. Einschränkungen der Freizügigkeit auf dem Arbeitsmarkt durch staatliche Arbeitskräftelenkung — von der Zustimmungspflicht bei Einstellungen über die Abwanderungsverbote aus der Landwirtschaft bis hin zu den Entlassungsgeboten für ehemalige Landarbeiter — boten angesichts der verschärften Konkurrenz der Wirtschaftsbereiche und einzelnen Branchen um Arbeitskräfte immer weniger Alternativen zu der bedrohlich näherrükkenden Gefahr einer Nötigung zu Produktionseinschränkungen wegen fortschreitender Arbeitskräfteverknappung, denn im Jahr des Kriegsausbruchs herrschte Vollbeschäftigung im Reich. Der in Kaiserreich und Weimarer Republik eingeschlagene Weg, fehlende einheimische durch ausländische Arbeitskräfte zu ersetzen, aber wurde bis 1938 nur in vergleichsweise geringem Umfang beschritten. Grundlage dafür waren die u. a. mit Italien, Ungarn, Holland, Polen, der Tschechoslowakei und Jugoslawien geschlossenen Staatsverträge über die Anwerbung und Beschäftigung ausländischer Arbeitskräfte. Im Gegensatz zu der extrem hohen Ausländerbeschäftigung zu Beginn des Ersten Weltkrieges waren bei Ausbruch des Zweiten Weltkrieges trotz ungleich höherem Arbeitskräftebedarf nur ca. 300 000 bis 500 000 ausländische Arbeitskräfte in Deutschland beschäftigt. Das hatte seinen Grund nicht nur in den Autarkiebestrebungen der nationalsozialistischen Wirtschaftspolitik, sondern auch in der restriktiven Devisenbewirtschaftung, die den mit der Ausländerbeschäftigung einhergehenden Lohngeldtransfer behinderte und dazu nötigte, mit den beschränkten Transfermöglichkeiten zunächst vor allem die Arbeitskräftelücken in der Landwirtschaft zu schließen. Gewerbliche Arbeitskräfte wurden in größerer Zahl erstmals nach der Eingliederung des Protektorats Böhmen und

Mähren im Frühjahr 1939 angeworben, da hier die aus dem Transferproblem resultierenden Beschränkungen entfielen. Erst als die Staatsgewalt nach Kriegsausbruch in den besetzten Gebieten unmittelbaren Zugriff auf die ausländischen Arbeitskräfte hatte, ging die direkte Auslandsrekrutierung abrupt in die Hunderttausende.

In der Spätphase der Weimarer Republik waren in den gesetzlichen Regelungen der Ausländerbeschäftigung Zentralisierungs- und Liberalisierungstendenzen zu erkennen. Die Zentralisierungstendenz trat in der Verordnung über ausländische Arbeitnehmer vom 31. Januar 1933 zutage: Die Legitimationspflicht, die bislang bei der Deutschen Arbeiterzentrale lag, ging — als Arbeitserlaubnispflicht — an die Arbeitsverwaltung über. Damit fielen beide Steuerungsinstrumentarien, das Legitimations- und das Genehmigungsverfahren, in die Kompetenz der staatlichen Arbeitsverwaltung, die sich in ihren Entscheidungen wiederum nach den übergeordneten Trägern der wirtschaftspolitischen Richtlinienkompetenz zu richten hatte. Eine Liberalisierungstendenz sprach aus der preußischen Polizeiverordnung über die Behandlung der Ausländer vom 27. April 1932: Nach § 1 dieser Ausländerpolizeiverordnung (APVO) war jeder „Ausländer zum Aufenthalt im preußischen Staatsgebiet zugelassen, solange er die in diesem Gebiet geltenden Gesetze und Verwaltungsvorschriften befolgt". Die Aufenthaltserlaubnis sollte mithin, im Gegensatz zum bis dahin geltenden Aufenthaltsrecht, nicht mehr davon abhängen, ob der Ausländer „erwünscht", „würdig" bzw. „nicht lästig" war, sondern von im einzelnen aufgezählten Versagungsgründen.

Wiewohl flankierende Verwaltungsvorschriften mit entsprechenden Ermessensspielräumen dafür sorgten, daß die Praxis so liberal nicht war, wie die APVO von 1932 wirkte, wurde diesen „vor der Machtergreifung herrschenden liberalistischen Gedankengängen" durch die neue APVO vom 22. August 1938 ein Ende gemacht, nach der, so ein zeitgenössischer Kommentar, „den Belangen der Allgemeinheit und den Erfordernissen der Staatssicherheit andere Rücksichten in jedem Fall unterzuordnen" waren. Die Aufenthaltserlaubnis konnte, sofern die Ausländer nach „ihrer Persönlichkeit und dem Zweck ihres Aufenthalts [. . .] der ihnen gewährten Gastfreundschaft würdig" erschienen, befristet oder unbefristet erteilt, mit den verschiedensten Bedingungen und Auflagen versehen werden. Zur großen Zahl der Kriterien der Unwürdigkeit, die der Willkür Tor und Tür öffneten, gehörte auch die Gefährdung „wichtiger Belange des Reiches oder der Volksgemeinschaft". Zugleich lief im Zuge der Gleichschaltung der Prozeß der Zentralisierung weiter, gekennzeichnet durch die fortschreitende Konzentration der Apparate und die für das nationalsozialistische Herrschaftssystem nicht minder charakteristische Machtbalance durch Kompetenzüberschneidungen und Konkurrenz der Entscheidungsträger: Mitte 1935 wurde die Arbeiterzentrale vollends ausgeschaltet. Durch die erste Verordnung zur Durchführung des Vierjahresplans vom 18. Oktober 1936 wurde Hermann Göring auch die Organisation des ‚Arbeitseinsatzes' übertragen. Eine Geschäftsgruppe ‚Arbeitseinsatz' unter der doppelten Leitung durch den Ministerialdirektor im Reichsarbeitsministerium, Mansfeld, und den Präsidenten der Reichsanstalt, Syrup, übernahm die zentrale Arbeitskräftelenkung im Dienst der forcierten Aufrüstung. Mit dem ‚Führererlaß' vom 21. Dezember 1938, der den Leitungsapparat der Arbeitskräftelenkung weiter straffte und konzentrierte, gingen die Befugnisse des Präsidenten der Reichsanstalt über an das Reichsarbeitsministerium, in das die Reichsanstalt selbst — nach der Ausgliederung verschiedener Bereiche — unter der Leitung ihres zum Staatssekretär ernannten ehemaligen Präsidenten als Hauptabteilung V übernommen wurde[31].

Mit dem Kriegsausbruch begann die direkte Rekrutierung ausländischer Arbeitskräfte in den besetzten Gebieten, die zumeist von Anbeginn an Gewaltcharakter trug, besonders in Polen, wo die Reichsarbeitsverwaltung den vorrückenden deutschen Truppen auf dem Fuß folgte und schon sechs Wochen nach dem deutschen Einmarsch 115 Arbeitsämter eingerichtet hatte. Sie sollten Arbeitskräfte vor allem für die deutsche Landwirtschaft ausheben. Die Kreise und Bezirke Polens hatten dazu ‚freiwillig' bestimmte Kontingente zu stellen. Allein von September 1939 bis Mai 1940 wurden bereits ca. 560 000 polnische Landarbeiter ‚angeworben'. Arbeitsverwaltung, Polizei, SS und Gestapo wirkten bei den Zwangsaushebungen zusammen, in deren Rahmen allein aus Polen insgesamt 1,8 bis 2 Mio. Zwangsarbeiter zum Einsatz in der deutschen Kriegswirtschaft deportiert wurden. Ähnlich wurde die Zwangsaushebung von ausländischen Arbeitskräften auch in den übrigen besetzten Gebieten organisiert, seit März 1942 zentralisiert unter dem ‚Generalbevollmächtigten für den Arbeitseinsatz', Fritz Sauckel, der dem ‚Beauftragten für den Vierjahresplan', Göring, unterstellt war. Mit der Verschärfung des Kampfes an der Ostfront im Winter 1941/42 wuchs der Bedarf an ausländischen Arbeitskräften sprunghaft an: Zu dem Ersatzbedarf an Menschen und Material für die Verluste an der Front kam steigender Zusatzbedarf an bewaffneten Kräften und Kriegsmaterial. Die Umstellung der Rüstungsindustrie auf Massenproduktion forcierte den Arbeits-

kräftebedarf im Reich. Um so schärfer wurden die Zwangsrekrutierungen in den besetzten Gebieten.
Die Spur der Gewalt lief von der Zwangsrekrutierung in den besetzten Gebieten über die Deportation ins Reich bis zum Arbeitsplatz, je nachdem ob die Ausländer ‚Freund'- oder ‚Feindstaaten' angehörten. Das gesetzliche Instrumentarium dazu bot die Verordnung über die Behandlung von Ausländern vom 5. September 1939, die die APVO von 1938 ablöste: Für die wenigen Ausländer aus ‚Freundstaaten' wurde das Kriterium der Würdigkeit bzw. Unwürdigkeit ersetzt durch die „öffentlichen Belange", die nunmehr allein darüber entschieden, ob und mit welchen Einschränkungen und Auflagen der Aufenthalt zu gestatten bzw. zu verlängern oder aber durch Ausweisung zu beenden war. Für die zahlreichen ausländischen Zwangsarbeiter aus ‚Feindstaaten' hingegen, die sich in ihrem Status kaum von den ebenfalls zur Zwangsarbeit herangezogenen Kriegsgefangenen unterschieden, verlor – wie schon im Ersten Weltkrieg – die klassische fremdenpolizeiliche Waffe der Ausweisungsdrohung ihre Funktion; denn für Zwangsarbeiter hätte eine Ausweisung ins Herkunftsland nicht Strafe, sondern Befreiung bedeutet. Statt dessen legte die Ausländerverordnung von 1939 für sie ein generelles, nur mit Sondergenehmigungen zu umgehendes Ausreiseverbot fest. Es galt auch für das Gebiet der Ortspolizei, der die unbegrenzte Disposition über die Bewegungsfreiheit der Ausländer eingeräumt wurde – von der Einschränkung der persönlichen Freiheit über die regelmäßige polizeiliche Meldepflicht bis zur polizeilichen ‚Verwahrung'. Statt Ausweisung ins Herkunftsland drohte die Einweisung in ‚Arbeitserziehungslager' bzw. Konzentrationslager. Die Ausländerverordnung von 1939 versagte den betroffenen Ausländern ausdrücklich jedwede Rechtsmittel gegen die polizeiliche Aberkennung aller Freiheitsrechte. Industriebetriebe, die ausländische Zwangsarbeiter beschäftigten, richteten nicht selten eigene private Straflager ein, weil eine Einweisung von Arbeitskräften in Konzentrationslager auch die um Arbeitskräfte kämpfenden Unternehmen traf: „Private Gewalt gegen ausländische Zwangsarbeiter brauchte sich nicht zu ‚legitimieren', denn diese standen nicht mehr nur unter Fremdenrecht, sondern außerhalb jeden Rechts."[32] Nur in Mittel- und vor allem Kleinbetrieben mit einem persönlichen Bezugsverhältnis zwischen Arbeitgebern und ausländischen Arbeitskräften gab es während der gesamten Kriegszeit menschlichere Formen der Behandlung.
Unter den Zwangsarbeitern aus ‚Feindstaaten' konnten grob zwei große Gruppen unterschieden werden: diejenigen aus dem Westen – Franzo-

sen, Belgier, Holländer – und die deportierten Zwangsarbeiter aus dem Osten, vor allem aus Polen und der Sowjetunion. Die ‚Westarbeiter', der nationalsozialistischen Ideologie entsprechend Angehörige von ‚Herrenvölkern', waren in den Anfangsjahren des Krieges in der Regel erheblich besser gestellt und in ihren Freiheitsrechten weniger eingeschränkt als die ‚rassisch minderwertigen' slawischen ‚Untermenschen' aus dem Osten, die völlig entrechtet, auf das Existenzminimum beschränkt und auf „Helotentätigkeiten in naturnahen Arbeitsbereichen (Landwirtschaft, Steinbrüche, Bauarbeiten)" konzentriert werden sollten. Sie durften zumeist die Arbeitslager nicht verlassen und hatten – wie die Juden den ‚gelben Stern' – besondere Stoffmarkierungen sichtbar zu tragen: Zwangsarbeiter aus Polen die Markierung ‚P', solche aus der Sowjetunion die Markierung ‚Ost' (‚Ostarbeiter'). Die am härtesten Betroffenen waren die ‚Ostarbeiter', für die Göring 1942 die „höchste Ausnutzung der russischen Arbeitskraft" anordnete und über die Sauckel in einem brutalistischen Wortschwall verkündete: „Diese sind mir so gleichgültig wie irgend etwas, und wenn sie sich das geringste Vergehen im Betrieb zuschulden kommen lassen, dann bitte sofort Anzeige an die Polizei, aufhängen, totschießen! Das kümmert mich gar nicht! Wenn Sie gefährlich werden, muß man sie auslöschen!"[33]
Die ‚agrarische Konzeption' für den Einsatz der ‚Ostarbeiter' indes funktionierte nur bedingt, weil sie – ähnlich wie bei den Interessenkollisionen zwischen Industrie und Landwirtschaft im Kaiserreich – auf den Widerspruch industrieller Arbeitgeber stieß. Die Polen blieben zu zwei Dritteln in der Landwirtschaft beschäftigt und wurden in den Wintermonaten an Industriebetriebe vermittelt, die ihre Herausgabe im Frühjahr nicht selten zu umgehen wußten. Die sowjetischen Zivilisten (‚Ostarbeiter') hingegen wurden zu zwei Dritteln außerhalb der Landwirtschaft eingesetzt, nicht zuletzt deswegen, weil sie – im Gegensatz zu den Polen als Kommunisten beargwöhnt – in den Arbeitslagern der Großindustrie besser überwacht werden konnten als beim dezentralisierten Einsatz in der Landwirtschaft. Ähnliches galt für zur Zwangsarbeit herangezogene sowjetische Kriegsgefangene, von denen ein großer Teil die Gefangenschaft nicht überlebte. „Der Flick-, IG-Farben- und Krupp-Konzern etwa hatten schon 1943 einen ausländischen Belegschaftsanteil – Fremdarbeiter und Kriegsgefangene zusammengenommen – von jeweils mehr als 40%. In Werken der Flugzeugindustrie erreichte dieser Anteil 80–90%", obgleich gerade die Flugzeugproduktion zu den besonders geschützten militärischen Sicherheitsbereichen gehörte[34].

‚Fremdarbeiter' und Kriegsgefangene trugen entscheidend dazu bei, die deutsche Kriegsmaschine in Gang zu halten: „Im Mai 1944 bestand etwa ein Fünftel aller in Deutschland zivilbeschäftigten Arbeitskräfte aus Fremdarbeitern und Kriegsgefangenen. Durch diesen Einsatz von rund 7,5 Mio. Ausländern konnten vom Mai 1940 bis September 1944 die Abgänge zur Wehrmacht quantitativ weitgehend ausgeglichen werden." In der Landwirtschaft betrug der ausländische Beschäftigtenanteil 1944 rund 41%; von den im Steinkohlenbergbau 1943 insgesamt ca. 800000 Beschäftigten waren ca. 300000 Ausländer, von den ca. 190000 in der Braunkohlenförderung Tätigen waren es in diesem Jahr ca. 70000. Der Ausländeranteil lag 1944 im Maschinenbau bei ca. 28%, in der chemischen Industrie bei ca. 26%, in der Elektrotechnik bei ca. 19%, in der Feinmechanik und Optik bei ca. 18%. In der unmittelbaren Rüstungsendfertigung (ohne die rund 50000 Betriebe der Zuliefererindustrie) betrug der Ausländeranteil 1944 rund 30%. Pfahlmanns Umrechnung des Anteils ausländischer Arbeitskräfte am Ausstoß der Rüstungsendproduktion unter Berücksichtigung der Produktivitätsziffern der ausländischen Arbeitskräfte führte zu dem fiktiven Ergebnis: „Jeder vierte Panzer, Lastkraftwagen, Granatwerfer, jedes vierte Stück Munition war 1944 von der Hand eines Ausländers angefertigt", während von den rund 40600 Flugzeugen dieses Jahres ca. 10000 von ausländischen Arbeitskräften hergestellt wurden[35]. Sie waren – vor allem die ‚Ostarbeiter' – in der Tat die „Sklaven" der deutschen Kriegswirtschaft, gezwungen, dazu beizutragen, den totalen Kriegseinsatz bis zur totalen Katastrophe zu verlängern[36].

4. Von der Ausländerbeschäftigung über die ‚Gastarbeiterfrage' zum Einwanderungsproblem in der Bundesrepublik

4.1. Bevölkerung, Wirtschaft und Wanderung im westlichen Nachkriegsdeutschland und in der Bundesrepublik

Die Jahre 1945–1949 standen im Schatten der Weltkriegskatastrophe: In den drei westlichen Besatzungszonen war die industrielle Produktion 1946 auf 30% des Standes von 1938, die landwirtschaftliche 1947/48 auf 72% des Standes von 1939 geschrumpft, während der Zustrom von Vertriebenen und Flüchtlingen die Bevölkerung in diesem Raum, in dem 1939 39,3 Mio. gelebt hatten, bis 1946 auf 43,7 Mio. und bis 1949 auf 46,8 Mio. erhöhte. Auf dem Arbeitsmarkt herrschte zunächst das Chaos. Neben Arbeitskräftemangel in verschiedenen Bereichen – Millionen Kriegsgefangene waren noch nicht zurückgekehrt – stand Arbeitskräfteüberschuß in anderen. Das galt besonders in den von Bombenangriffen und anderen direkten Kriegseinwirkungen weitgehend verschonten ländlichen Räumen, in denen die Masse der Evakuierten, Vertriebenen und Flüchtlinge zunächst untergebracht wurde. Die Wohnverhältnisse in diesen übervölkerten ländlichen Räumen, vor allem aber in den zerbombten Städten, waren katastrophal. Die Versorgung mit Gütern des täglichen Bedarfs war aus eigener Produktion nicht zu sichern, die mangelhafte Energieversorgung führte im Winter 1946/47 zu einem scharfen Anstieg der Sterbefälle. Hilfsmaßnahmen der Besatzungsmächte, vor allem der amerikanischen, retteten die Nahrungsversorgung aus dem unmittelbar bevorstehenden, z.T. schon eingetretenen Zusammenbruch. 1947/48 begann die Wende in der Besatzungspolitik. Insbesondere die Vereinigten Staaten gingen schrittweise zu einer systematischen Förderung des wirtschaftlichen Wiederaufbaus über. Hilfe zur Selbsthilfe, vor allem im Rahmen des Marshall-Planes, sollte die Nötigung zu direkten Hilfsmaßnahmen mindern und – vor dem Hintergrund der sich bald zum Kalten Krieg zuspitzenden Ost-West-Spannung – die Stabilität von Wirtschaft und Gesellschaft gegen kommunistische Einflüsse im westlichen Deutschland sichern, das seit 1949 ‚Bundesrepublik Deutschland' hieß. Dies waren, neben Währungsreform und dem Übergang zu einer freien, wettbewerbsorientierten Marktwirtschaft, die

Vorboten jenes gewaltigen Wirtschaftsaufschwunges, der ein knappes Jahrfünft nach dem Ende des totalen Krieges in der totalen Katastrophe begann und als ‚deutsches Wirtschaftswunder' in die Geschichte einging. Er bestimmte die Wirtschaftsentwicklung in der Bundesrepublik bis zur ersten großen Rezession 1966/67 und legte zugleich das wirtschaftliche Fundament für jenes System der früh entwickelten ‚Sozialen Marktwirtschaft', das, trotz aller Belastungen durch die weltweiten Krisenerscheinungen der Gegenwart, bis heute stabil und funktionsfähig geblieben ist[37].
In den Beschäftigtenanteilen der einzelnen Wirtschaftsbereiche setzten sich im Primär- und Sekundärbereich langfristige Entwicklungstendenzen fort. Im Primärbereich vollzog sich eine von Rationalisierung und Mechanisierung bestimmte „Industrialisierung der Landwirtschaft" (Henning). Bei rapidem Produktivitätszuwachs fiel die Zahl der in der Landwirtschaft Beschäftigten von 5,9 Mio. 1949 über 3,8 Mio. 1959 und 2,3 Mio 1969 auf 1,7 Mio. 1972 und sank seither ebenso weiter wie die Gesamtzahl der landwirtschaftlichen Haupterwerbsbetriebe. Die Beschäftigtenzahl im Sekundärbereich (bes. Metallgewerbe, Elektro- und Feinmechanik, Steine, Erden, Chemie und Baugewerbe) hingegen wuchs 1950–1970 um fast 4 Mio. an. Zugleich verschoben sich die regionalen Schwerpunkte der industriellen Expansion. Alte industrielle Ballungsräume traten zurück, ehedem vornehmlich landwirtschaftlich strukturierte Räume rückten in die Spitzengruppe auf, z. B. Bayern, in dem der Übergang zum Industriestaat mit starker agrarischer Basis vergleichsweise spät, dafür aber nach dem Zweiten Weltkrieg um so beschleunigter erfolgte, begünstigt durch das Einströmen der Vertriebenen, besonders aus dem überwiegend industriellen Sudetenland[38].
Die Arbeitsmarktentwicklung stand zugleich im Zeichen zweier weiterer, durch die Kriegsfolgen und den Wirtschaftsaufschwung seit Ende der 1940er Jahre bestimmter Entwicklungstendenzen: Während die 1945/46 auf 19 Mio. gesunkene Gesamtzahl der Beschäftigten bis 1970/72 auf 27 Mio. (42 %) stieg, traten in der Zusammensetzung des Arbeitskräftepotentials erhebliche Veränderungen zutage. Die gewaltige Zunahme der Beschäftigtenzahl wurde bewirkt durch mehr als 4 Mio. bis Ende 1950 heimgekehrte Kriegsgefangene, 4,7 Mio. erwerbstätige Vertriebene und Flüchtlinge aus den von Deutschland abgetrennten Gebieten, 1,8 Mio. Flüchtlinge, die bis zum Bau der ‚Berliner Mauer' im August 1961 die Sowjetische Besatzungszone bzw. die DDR verließen, und schließlich durch die bis 1973 auf 2,6 Mio. ansteigende Zahl ausländischer Arbeitskräfte in der Bundesrepublik. Trotz der extrem hohen

Wachstumsraten der 50er Jahre wurde die Vollbeschäftigung (weniger als 1% Arbeitslosigkeit) wegen des Heimkehrer-, Vertriebenen- und Flüchtlingszustroms erst 1960 erreicht. Seit der Abriegelung der DDR-Grenze 1961 wurde der bis dahin anhaltende Zustrom von Arbeitskräften aus dem östlichen Deutschland durch die forcierte Anwerbung ausländischer Arbeitnehmer ersetzt, deren Zuwanderung auf dem Arbeitsmarkt in der Bundesrepublik — von der Rezession 1966/67 abgesehen — die Beschäftigtenzahl insgesamt relativ konstant hielt, obgleich die deutsche Erwerbsquote (Anteil der Erwerbstätigen an der Bevölkerung) sank. Die Gründe für diesen Rückgang sind vorwiegend in der Bevölkerungsentwicklung zu suchen:

Bevölkerungs- und Erwerbsstruktur nach 1945 wurden bestimmt durch schwere, vorwiegend kriegsbedingte Verwerfungen und langfristige Entwicklungstendenzen: Die Alterspyramide im Deutschen Reich 1910 (Schaubild 6) zeigt nur während des deutsch-französischen Krieges 1870/71 ein kleines Geburtentief, das vom Geburtenanstieg der Folgejahre rasch ausgeglichen wurde. Die Alterspyramide der Bundesrepublik (Schaubild 7: 1977) hingegen ist durch die kriegsbedingten Einbrüche mit ihren anhaltenden Folgen schwer verstümmelt. Auf der männlichen und weiblichen Seite fehlen die während der Geburtenausfälle und -rückgänge 1914–1918, in der Weltwirtschaftskrise, 1939–1945 und in den Nachkriegsjahren nicht Geborenen, auf der männlichen zusätzlich in 42 Jahrgängen (1886–1927) die Gefallenen beider Weltkriege. Hinzu kommen die eingangs skizzierten langfristigen Entwicklungstendenzen in der natürlichen Bevölkerungsbewegung: Als die Nachkriegsnot durch steigenden Lebensstandard bei enormem Wirtschaftswachstum abgelöst wurde, zeichnete sich seit Mitte der 50er Jahre wieder ein deutlicher Geburtenanstieg ab, der aber schon 1963 seinen Höhepunkt überschritt. Daß die Geburtenkurve fortan langsam und seit 1968 beschleunigt abfiel, ist weit weniger auf die kriegsbedingte Verwerfung der Altersstruktur als auf die erwähnte „Rationalisierung des Fortpflanzungsverhaltens“ (Köllmann) zurückzuführen, die im vieldiskutierten ‚Pillenknick‘ Ausdruck fand. Auch der leichte Wiederanstieg der Geburtenkurve seit Ende der 70er Jahre (Schaubild 1) ist nicht als Trendwende, sondern nur als eine Art ‚Echoeffekt‘ zu interpretieren, bedingt durch das Eintreten der geburtenstarken Jahrgänge ins reproduktionsfähige Alter. Die natürliche Bevölkerungsbewegung bleibt mithin in der Bundesrepublik — wie, bei weniger scharfem Rückgang der Geburtenkurve, auch in der DDR — in den eingangs geschilderten Entwicklungslinien der Spätphase des Wandels zur industriellen Bevölkerungsweise[39].

Schaubild 6:
Altersaufbau der Bevölkerung im Deutschen Reich 1910

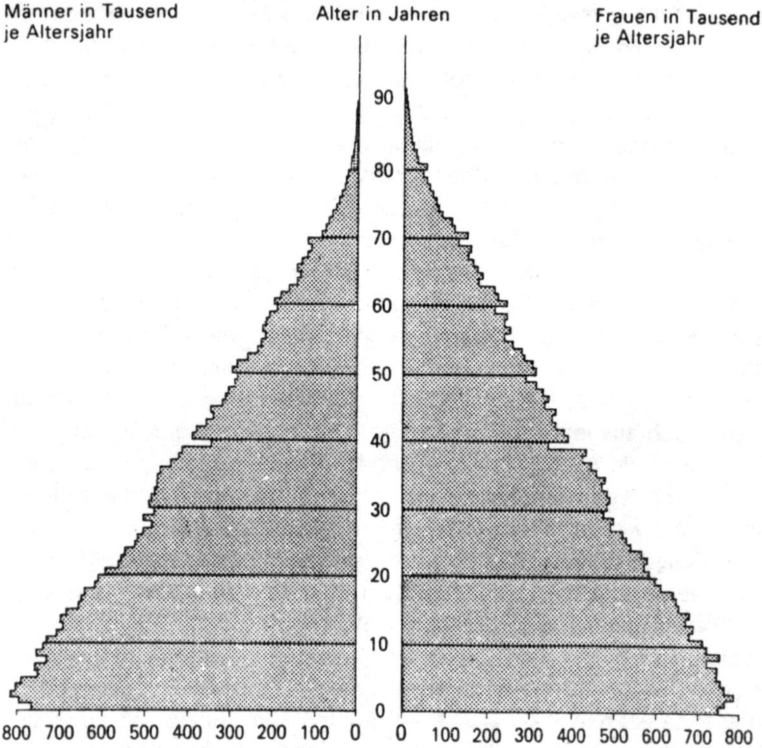

Von der Bundesregierung 1977 beim Statistischen Bundesamt in Auftrag gegebene Bevölkerungsprognosen, bei denen von der Geburtenentwicklung Mitte der 70er Jahre ausgegangen wurde, führten zu dem Ergebnis, daß die deutsche Bevölkerung innerhalb eines knappen Jahrhunderts von 58 Mio. (1975) über 52 Mio. (2000) und 39 Mio. (2030) auf 22 Mio. (2070) schrumpfen werde. In den tiefgreifenden Auseinandersetzungen um die Frage nach den möglichen Konsequenzen einer solchen Zukunft ging es um die Entwicklung des Arbeitskräftepotentials (‚Ausalterung'), um Wirtschaftswachstum und Nachfragestruktur, um Familien- und Siedlungsstruktur, um Alterssicherung (‚Rentenberg',

Schaubild 7:
Altersaufbau der Bevölkerung in der Bundesrepublik 1977

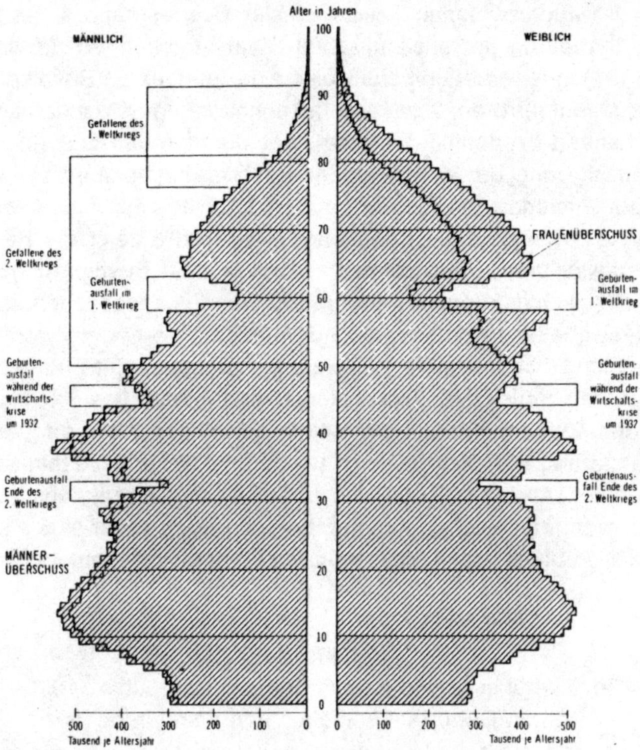

‚Generationenvertrag'), Gesundheits- und Bildungswesen bis hin zur Frage nach der Verteidigungsfähigkeit bei schrumpfenden Rekrutenzahlen. Während die einen mit der gleichen Sicherheit, mit der Bevölkerungstheoretiker im späten 19. Jahrhundert an eine katastrophale Bevölkerungsexplosion glaubten, langfristig von einer schwerwiegenden absoluten Bevölkerungsabnahme ausgingen, sprachen andere zurückhaltender vom „Ende des Bevölkerungswachstums" in einem „Endstadium industrieller Bevölkerungsweise" mit ausgeglichenen Geburten- und Sterberaten und folgerten mit dem Bevölkerungshistoriker W. Köllmann: „In Zukunft dürfte eine erneute Stabilität der Bevölke-

rung zu erwarten sein, wie sie, wenn auch unter anderen Voraussetzungen und unter einer anderen Bevölkerungsweise in den Jahrhunderten vor dem Dreißigjährigen Krieg bereits in Deutschland bestanden hatte." Sicher ist aber zweierlei: 1. wäre in der Bundesrepublik ohne den „Geburtenbeitrag der ausländischen Staatsangehörigen" (Köllmann) schon 1971 ein Sterbeüberschuß, also eine Tendenz zur Bevölkerungsabnahme, aufgetreten; 2. war der bei anhaltendem Wirtschaftswachstum steigende Arbeitskräftebedarf, der durch Arbeitszeitverkürzung und ‚Ausalterung' der einheimischen Bevölkerung noch erhöht wurde, seit dem Versiegen des Zustroms aus der DDR 1961 nurmehr durch ausländische Arbeitskräfte zu decken[40]. Schaubild 8 zeigt die Bevölkerungsentwicklung in der Bundesrepublik in ihrer Bestimmung durch natürliche Bevölkerungsbewegung und Wanderungsgeschehen.
Überseeische und kontinentale Auswanderung aus dem westlichen Deutschland standen im Vergleich zur kontinentalen Zuwanderung insgesamt weit zurück. Mehr noch als nach dem Ende des Ersten wurde nach dem Zweiten Weltkrieg mit einer gewaltigen Welle der Massenauswanderung aus dem räumlich verstümmelten und weithin zerstörten, wirtschaftlich ruinierten und übervölkerten Nachkriegsdeutschland gerechnet. Einzelne Stimmen befürworteten sogar eine staatlich geförderte überseeische Massenauswanderung, vor allem im Blick auf

Schaubild 8:
Bevölkerungsentwicklung in der Bundesrepublik (1000)
durch Geburtenüberschuß und Wanderungen

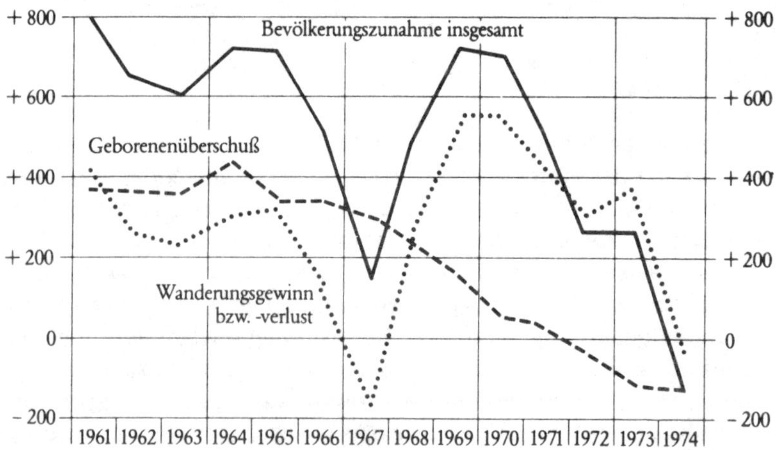

das zunächst schier unbewältigbar erscheinende Problem des wirtschaftlichen Wiederaufbaus bei gleichzeitiger Integration von Millionen Heimatvertriebenen und Flüchtlingen. Eine staatliche Förderung der Auswanderung, die — bei dem dann absehbaren Verlust von Menschen im besten Erwerbsalter — die wirtschaftlichen Probleme nur verschärft hätte, wurde auf deutscher Seite aus wirtschaftlichen wie nationalkulturellen Gründen nicht ernsthaft in Erwägung gezogen. Solche Pläne hätten angesichts der — von den ‚displaced persons' abgesehen — ablehnenden Haltung der Alliierten zu dieser Frage auch keine Chance gehabt[41]. Aber auch in der Zeit, in der sich die Auswanderung wieder weitgehend frei entfalten konnte, erreichte sie nicht annähernd die in den Nachkriegsjahren teils geforderten, teils gefürchteten Dimensionen. Angaben über die ‚Auswanderung' aus dem westlichen Nachkriegsdeutschland und aus der Bundesrepublik sind sehr unsicher. Die Gründe dafür liegen im Wandel 1. der Erhebungstechnik und 2. des Begriffs ‚Auswanderung':

1. Die Reichsstatistik hatte seit 1871/72 versucht, diejenigen als ‚Auswanderer' zu erfassen, die das Reichsgebiet über die Seehäfen auf Dauer zu verlassen beabsichtigten. 1938 erst wurde auf der Grundlage polizeilicher An- und Abmeldungen eine Statistik der gesamten Aus- und Einwanderungen, also nicht nur derjenigen über die Seehäfen, eingeführt. In den Nachkriegsjahren war das Auswanderungswesen Sache der Alliierten. Für 1946–1953 gibt es nur Schätzungen. 1953–1958 galt im Bundesgebiet eine Wanderungsstatistik, die sich auf Kontrollen an den Grenzübergangsstellen und auf besondere Ein- und Auswanderungskarten stützte. Sie blieb unsicher und wurde 1959 durch eine auf polizeiliche An- und Abmeldungen gegründete Statistik der ‚Zu- und Fortzüge' über die Auslandsgrenzen ersetzt[42].

2. Im zerstörten Nachkriegsdeutschland mochte der Begriff ‚Auswanderung' noch jene klassische, im 19. Jahrhundert geläufige Vorstellung einschließen, das Herkunftsland zu verlassen, ohne die bestimmte Absicht, jemals wieder auf Dauer zurückzukehren. Auswanderung aber war gerade in den ersten Nachkriegsjahren durch die Alliierten untersagt; und Ausnahmegenehmigungen gab es in der Regel nur für einen beschränkten Kreis von Einzelpersonen, etwa zur Familienzusammenführung oder nach Eheschließung mit Besatzungssoldaten, später auch für kleine Gruppen volksdeutscher Heimatvertriebener und Angehörige besonderer Berufsgruppen, wie Krankenpflege- und Hauspersonal, wissenschaftliche und technische Experten. Die Überseeauswanderung stieg erst 1948 wieder auf ca. 27 400 an, erreichte 1952 mit ca.

90 000 ihr Maximum, hielt sich 1956 noch bei ca. 82 000, fiel seither kontinuierlich ab und lag 1960, im ersten Jahr der Vollbeschäftigung, bei ca. 47 700. Unter den Zielländern rangierten bis 1960 an erster Stelle die Vereinigten Staaten (ca. 367 000), an zweiter Kanada (ca. 229 000), an dritter Australien (ca. 78 000) und an vierter Brasilien (ca. 21 000). Dabei stellten entwurzelte Heimatvertriebene und Flüchtlinge ein besonders hohes Kontingent: Ihr Anteil an der Wohnbevölkerung im westlichen Deutschland lag 1953 bei 17,2 %, ihr Anteil an der Überseeauswanderung hingegen bei 35,4 %; 1956 lag dieses Verhältnis sogar bei 17,5 % zu 37 %. Mit fortschreitender Integration der Vertriebenen und Flüchtlinge ging ihr zunächst extrem hoher Anteil an der Überseeauswanderung zurück. Als sich die Auswanderungsbewegung wieder frei entfalten konnte, lag die Überseeauswanderung 1950–1959 etwa auf dem Niveau der Jahre 1924–1929, während die Rückkehr von Emigranten, die Deutschland in der NS-Zeit verlassen hatten, und der Sog des ‚Wirtschaftswunders' die überseeische Rückwanderung langsam ansteigen ließen. Ganz unzuverlässig sind die Daten über die Auswanderung ins europäische Ausland: Die Statistik weist 1953–1956 nur 6047 ‚Auswanderer', aber 236 500 und bis 1960 insgesamt 676 100 ‚Fortzüge' ins europäische Ausland nach, innerhalb derer die berufsbedingten befristeten Auslandsaufenthalte dominierten[43]. Bei zunehmender internationaler Öffnung der Arbeitsmärkte war für die meisten Deutschen, die seit den 1960er Jahren ausreisten, ‚Auswanderung' wieder ein ‚Begriff aus dem 19. Jahrhundert'. An die Stelle definitiver Auswanderungsentschlüsse trat weithin Arbeitnahme im Ausland auf unbestimmte Zeit oder aber Arbeit für deutsche Firmen im Ausland, Zeitwanderungen also, die bei langem Auslandsaufenthalt allerdings nicht selten in definitive Auswanderung übergingen. Der Anteil der ‚echten' Auswanderungen an den jährlichen Auswanderungsdaten (1980: 53 728) ist deshalb schwer abschätzbar.

Seit den späten 1970er Jahren beginnt, besonders unter jüngeren Menschen, die Neigung zur Auswanderung im Sinne jener grundsätzlichen Abkehr vom Herkunftsland wieder zuzunehmen, bei verstärktem Aufrücken anderer Zielräume gegenüber den Vereinigten Staaten und Kanada. Davon zeugen neuerdings die nach Hunderttausenden zählenden Anfragen bei australischen und neuseeländischen Informationsstellen. Auch die 78 bundesdeutschen Auswandererberatungsstellen der verschiedenen Träger verzeichnen sprunghaft wachsenden Andrang: Das Kölner Bundesverwaltungsamt registrierte für 1980 rund 108 000 Gespräche mit Auswanderungswilligen. Die Zahl der tatsächlichen Auswanderungen aber lag weit niedriger und stieg z. B. 1980 nur um 1,8%; denn die häufig von allgemeiner Orientierungskrise, Zivilisationskritik und Kulturpessimismus, von politischer Krisenangst und der Suche nach Räumen zur freieren Lebensentfaltung getragenen Auswanderungsneigungen bleiben oft Träume: nicht nur, weil solche Vorstellungen in den deutschen Beratungsstellen zumeist desillusioniert werden müssen, sondern auch deswegen, weil die ausschließlich an den eigenen Bedürfnissen orientierte Einwanderungspolitik überseeischer Aufnahmeländer vor allem an wirtschaftlich stabilen und unumschränkt anpassungsbereiten Einwanderern interessiert ist und weniger an idealistischen Flüchtlingen aus der materiellen Kultur der modernen Industriegesellschaft[44].

Fragt man nach der Wanderungsbilanz, die sich im Verhältnis von Aus- und Einwanderungen in Wanderungsverlusten (negative Wanderungsbilanz) oder Wanderungsgewinnen (positive Wanderungsbilanz) niederschlägt, so ergibt sich beim außereuropäischen Wanderungsgeschehen für die Bundesrepublik 1952–1959 ein Wanderungsverlust von etwa 335000 Personen. Die europäische Wanderungsbilanz hingegen fiel, des starken Zustroms aus den Ostblockstaaten wegen, für die Bundesrepublik schon 1952 positiv aus. Zusammen mit der wachsenden Gastarbeiterzuwanderung überstiegen die europäischen Wanderungsgewinne schon 1957 die außereuropäischen Wanderungsverluste, so daß sich die gesamte Wanderungsbilanz der Bundesrepublik nunmehr positiv gestaltete[45]. Mit der nach dem Bau der ‚Berliner Mauer' 1961 um so mehr forcierten Anwerbung ausländischer Arbeitskräfte aber begann in der Bundesrepublik jene in ihren Begleitumständen und Folgeerscheinungen teils zu spät erkannte, teils auch bewußt verdrängte Entwicklung zum Einwanderungsland wider Willen, die heute die Diskussion der ‚Gastarbeiterfrage' bestimmt.

4.2. Aufstieg und Funktionen der Ausländerbeschäftigung auf dem Arbeitsmarkt

Vom ersten Jahr der Vollbeschäftigung 1960 bis zum krisenbedingten deutschen ‚Anwerbestop' in den Herkunftsländern der Gastarbeiter 1973 wuchs die ausländische Erwerbsbevölkerung in der Bundesrepublik von rund 280000 auf rund 2,6 Mio. an. Der Zuwanderungsdruck entsprang dem internationalen ökonomischen und sozialen Entwicklungsgefälle zwischen den auf dem Wege vom Agrar- zum Industriestaat meist weit zurückliegenden Herkunftsländern bzw. -gebieten der Ar-

beitswanderer und der Anziehungskraft hochentwickelter Industriestaaten. Die fortschreitende Internationalisierung des Arbeitsmarktes in der Bundesrepublik aber war nicht vorwiegend Ergebnis der freien Entfaltung des aus diesem Entwicklungsgefälle resultierenden Wirkungszusammenhanges von sozialökonomischen Schub- und Sogkräften. Entscheidend waren vielmehr der seit Anfang der 60er Jahre wachsende Arbeitskräftebedarf in der Bundesrepublik und die gezielte, vertraglich vereinbarte Arbeitskräfteanwerbung im Ausland. Die Bundesanstalt für Arbeit (BA) unterhielt in den wichtigsten Herkunftsländern der Gastarbeiter besondere Anwerbestellen, die die örtlichen Behörden über die Nachfrage deutscher Arbeitgeber informierten. Die Behörden der ‚Anwerbeländer' trafen eine Vorauswahl unter den Bewerbern und übermittelten sie der deutschen Kommission, die die letzte Auswahl traf. Der gewaltige Anstieg der Ausländerbeschäftigung in der Bundesrepublik wurde mithin zunächst ebenso staatlich gefördert, wie er 1973 durch den ‚Anwerbestop' staatlich gebremst wurde.
Die Anwerbepolitik hinterließ, wie Schaubild 9 zeigt, deutliche Spuren in der nationalen Zusammensetzung der Gastarbeiterbevölkerung: Auf die 1955 mit Italien, 1960 mit Spanien und Griechenland abgeschlossenen Anwerbeverträge folgten Verträge mit der Türkei, Portugal, Tunesien und 1968 mit Jugoslawien. Die stärksten Kontingente stellten dementsprechend zuerst die Italiener, Spanier und Griechen, deren Anteile in den 70er Jahren sanken, während seit Ende der 60er Jahre die Anteile der Jugoslawen, der Portugiesen und vor allem der Türken ständig stiegen. Relativ unbedeutend blieben nur die Anwerbeverträge mit Marokko und Tunesien. Tabelle 10 gibt für die Jahre 1955–1975 einen Überblick über die Entwicklung der Ausländerbeschäftigung insgesamt und nach Nationalitätengruppen. Im September 1980 betrug der Ausländeranteil an der Wohnbevölkerung in der Bundesrepublik etwa 7%. Rund 33% der Ausländer waren Türken. Die zweitgrößte nationale Gruppe stellten die Jugoslawen (14%), gefolgt von den Italienern (13,9%). Der Ausländeranteil an der Gesamtzahl der abhängig Beschäftigten betrug in diesem Jahr 9,9%, das heißt jeder zehnte Arbeitnehmer in der Bundesrepublik war 1980 ein Ausländer[46]. Schaubild 11 zeigt die Entwicklung der Ausländerbeschäftigung 1954–1978, die im Blick auf das Wirtschaftswachstum (Schaubilder 12, 13) in der Bundesrepublik noch zu interpretieren ist.
Ausländische Arbeitskräfte, deren Herkunftsland der Europäischen Gemeinschaft (EG) nicht angehörte, unterlagen einem tiefgestaffelten Bewilligungssystem der BA und der Fremdenpolizei, innerhalb dessen

Schaubild 9:
Ausländer insgesamt und nach der Staatsangehörigkeit in der Bundesrepublik 1967–1980 (1967 = 100)

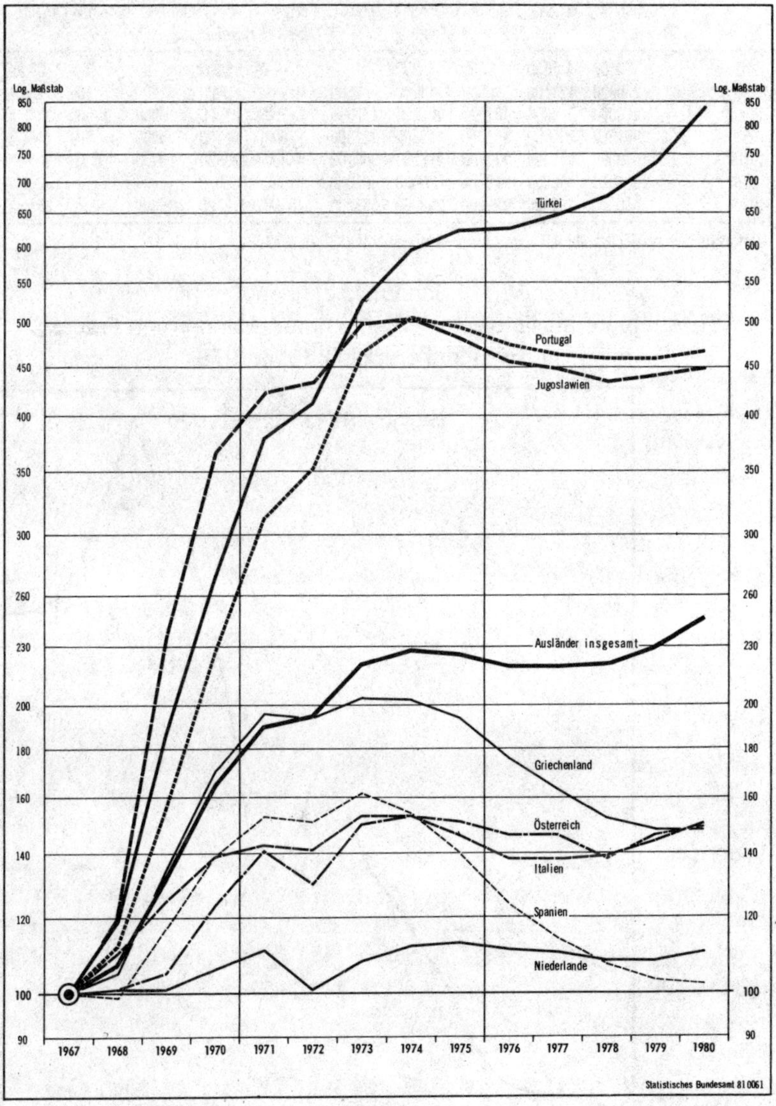

Schaubild 10:
Ausländische Arbeitnehmer in der Bundesrepublik nach Herkunftsländern

	Gesamt	Italien	Spanien	Griechen-land	Türkei	Portu-gal	Jugo-slawien	Marokko	Tunesien	andere
1955	79600	7500	500	600	-----	-----	2100	----	----	68900
1960	279400	121700	9500	13000	2500	-----	8800	200	150	125550
1965	1216800	372300	182800	187200	132800	14000	64000	9000	500	254200
1967	991300	266800	118000	140300	131300	17800	95700	5800	800	214800
1970	1949000	381000	171700	242200	353900	44800	423300	9200	6200	315900
1973[1)]	2595000	450000	190000	250000	605000	85000	535000	-----	-----	480000
1975	2070700	297100	129800	203600	553200	70500	418700	16300	----	381500

1) Hochrechnung: Höchstzahl vor dem Anwerbestop, Stichtag 30. 9. 1973

Schaubild 11:
Beschäftigte ausländische Arbeitnehmer (Männer und Frauen) in der Bundesrepublik 1954–1978

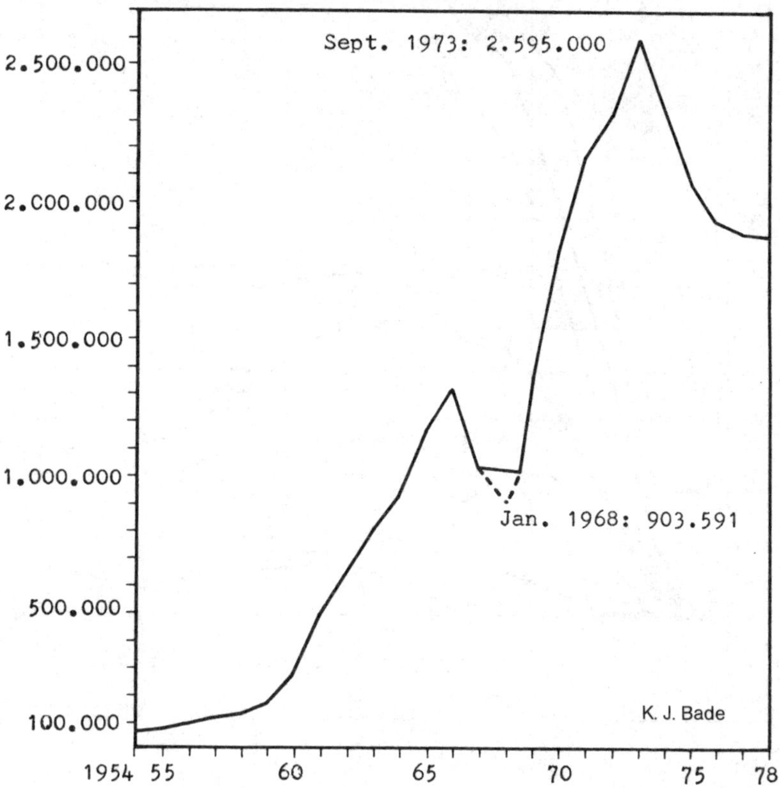

Schaubild 12:
Wachstumsraten des realen Bruttosozialprodukts
und Wachstumszyklen in der Bundesrepublik Deutschland 1951–1974

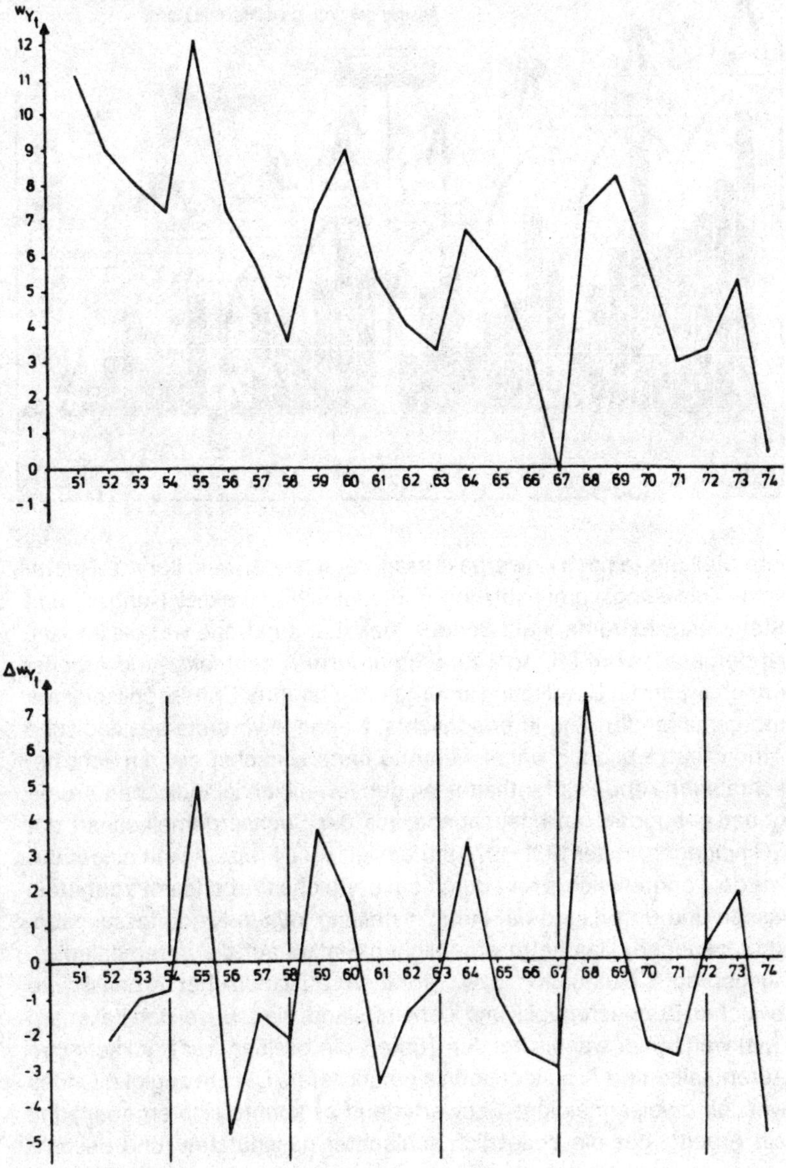

Schaubild 13:
Wirtschaftliche Wachstumswellen in der Bundesrepublik 1950–1980

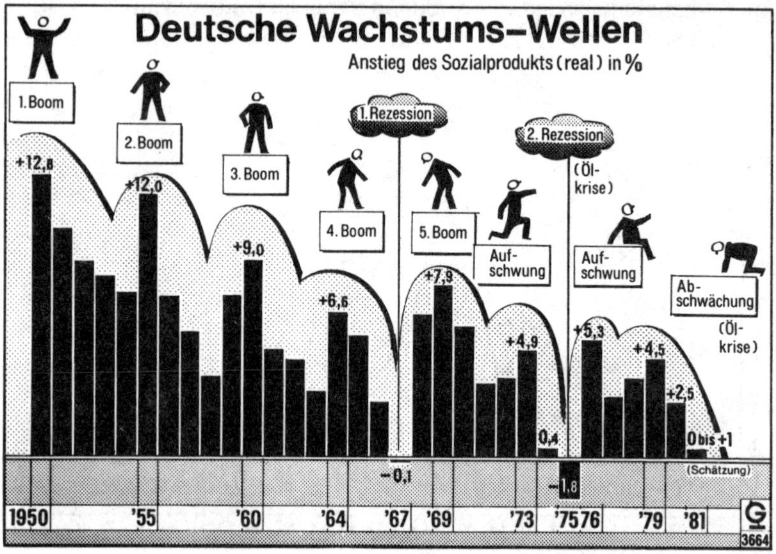

ihre Stellung, je nach Anwerbevertrag, verschieden sein konnte. Rechtliche Zulassungsvoraussetzung und zugleich indirektes Kontroll- und Steuerungsinstrument auf Bundes- bzw. Länderebene war die im Ausländergesetz vom 28. April 1965 geforderte Aufenthalts- und Arbeitserlaubnis, deren Bewilligung innerhalb bestimmter Ermessensspielräume gestaltenden Zugriff ermöglichte. Neuangeworbene ausländische Arbeitskräfte blieben dabei während ihres zunächst auf ein Jahr beschränkten Arbeitsaufenthaltes an den jeweiligen inländischen Arbeitgeber gebunden. Arbeitsuchende aus der Sechsergemeinschaft der EG hingegen, in der 1961–1970 stufenweise die Freizügigkeit eingeführt wurde, konnten sich direkt durch ein deutsches Arbeitsamt vermitteln lassen und unterlagen bei ihrer Anstellung keinen Niederlassungsbeschränkungen. Das hatte erheblichen Einfluß auf die unterschiedlich ausgeprägte Fluktuation bzw. ‚Rotation' ausländischer Arbeitskräfte zwischen Bundesrepublik und Herkunftsland, die z. B. bei den Italienern (EG) weit höher war als bei den Türken, die bei längerer Rückkehr ihre Aufenthalts- und Arbeitserlaubnis gefährdeten. Die Freizügigkeit indes war „ein zweischneidiges Schwert, denn es konnte sich ergeben, daß ein Arbeitgeber die gesetzlich schlechter geschützten (und deshalb

unter Umständen weniger zur Durchsetzung ihrer Interessen fähigen) Arbeitsmigranten aus anderen Staaten bevorzugte“[47].
Im Unterschied zu den ‚ausländischen Wanderarbeitern‘ in Kaiserreich und Weimarer Republik und besonders zu den ‚Fremdarbeitern‘ im nationalsozialistischen Deutschland wurden die in die Bundesrepublik angeworbenen ausländischen Arbeitskräfte ‚Gastarbeiter‘ genannt. Mit dieser Bezeichnung, die ihre durchweg andere Rechtsstellung zu betonen suchte, werden nach allgemeinem Sprachgebrauch heute ausländische Arbeitskräfte aus den sechs wichtigsten ehemaligen Anwerbeländern (Griechenland, Italien, Jugoslawien, Portugal, Spanien, Türkei) angesprochen. Ebenso wie es in früheren Jahrzehnten in Deutschland ausländische Arbeitskräfte gab, die nicht ‚Wanderarbeiter‘ bzw. ‚Fremdarbeiter‘ waren, stellten auch die ‚Gastarbeiter‘ nur einen — allerdings ebenfalls den bei weitem größten — Teil der abhängig beschäftigten ausländischen Erwerbsbevölkerung. Ihr Anteil im Bundesdurchschnitt lag 1974, ein Jahr nach dem Anwerbestop, bei rund 77% und 1979 bei rund 74%[48].
Wie die Rede von den ‚ausländischen Wanderarbeitern‘, so impliziert auch der Begriff ‚Gastarbeiter‘ eine indirekte beruflich-soziale Klassifizierung mit dem Schwergewicht auf un- bzw. angelernten Arbeiten: Zwar gelten nach allgemeinem Sprachgebrauch auch jene ausländischen Arbeitnehmer noch als ‚Gastarbeiter‘, die aus unqualifizierten Tätigkeitsbereichen längst auf die Ebene von Facharbeitern aufgestiegen sind. Niemand indes würde den ausländischen Arzt am städtischen Krankenhaus, den ausländischen Spezialisten in einem deutschen Labor oder den ausländischen Wissenschaftler an einer deutschen Universität als ‚Gastarbeiter‘ bezeichnen, gleichgültig, ob er nun aus einem der früheren Anwerbeländer stammt oder nicht. Die soziale Klassifizierung gilt selbst innerhalb der gleichen beruflichen Tätigkeitsbereiche: Der ausländische Kellner in einem ausländischen Spezialitätenrestaurant könnte diesem allgemeinen Sprachgebrauch nach durchaus als ‚Gastarbeiter‘ angesehen werden, zweifelsohne aber nicht der am Ort wohnende ausländische Besitzer der entsprechenden Restaurantkette, der bestenfalls als ‚Gastunternehmer‘ bezeichnet werden könnte — ähnlich wie eine wachsende Zahl von ehemaligen ‚Gastarbeitern‘, die zu Kleingewerbetreibenden und insbesondere Kleinhandelskaufleuten aufgestiegen sind. Trotz der bewußt ‚gastfreundlichen‘ Begriffswahl liegt, von dem allgemeinen Mißverhältnis der Deutschen zu ihren „ungeliebten Gästen“ (Uhlig) ganz abgesehen, auch im fließenden Begriffsfeld ‚Gastarbeiter‘ eine Tendenz zur sozialen Deklassierung.

Die ‚Fremdarbeiterfrage' ist mit der ihr vorausgegangenen ‚Wanderarbeiterfrage' ebensowenig vergleichbar wie mit der ihr folgenden ‚Gastarbeiterfrage'. Vergleichbarer erscheinen demgegenüber – in gewissen Grenzen und mit vielen Abstrichen im einzelnen – die historische ‚Wanderarbeiterfrage', zu der indirekt auch die Geschichte der preußisch-polnischen Minderheit gehört, und die Anfänge der aktuellen ‚Gastarbeiterfrage'. Das gilt nicht für das unterschiedliche bevölkerungs-, wirtschafts- und sozialgeschichtliche, arbeits- und sozialrechtliche Bedingungsgefüge im Aufnahmeland und auch nicht für die unterschiedlichen Beschäftigungsbereiche der ausländischen Arbeitskräfte, unter denen z. B. im Kaiserreich die Landwirtschaft überwog, während die Gastarbeiter in der Bundesrepublik fast ausschließlich im industriellen Produktionsbereich und, in geringerem Umfang, im Dienstleistungsbereich beschäftigt sind. Es gilt aber, um nur einige Beispiele anzudeuten, 1. im Blick auf die Grundkonstellation von – dem internationalen Entwicklungsgefälle entsprechenden – wanderungsbestimmenden Sog- und Schubkräften zwischen Aufnahmeland und Herkunftsländern und 2. für staatliche Kontroll- und Steuerungsfunktionen, wie sie im Kaiserreich (halbstaatlich) in ersten und noch sehr starren Ansätzen und in der Weimarer Republik (staatlich) in sehr flexibler Form entwikkelt wurden; es gilt 3. für – im einzelnen durchaus andere, aber generell nicht minder vergleichbare – Ersatz- bzw. Erweiterungs- und Pufferfunktionen der Ausländerbeschäftigung und 4. für die Herausbildung eines doppelten Arbeitsmarkts bzw. doppelter Teilarbeitsmärkte mit stark internationalisierter unterer Ebene; es gilt 5. für die indirekte Beförderung des beruflich-sozialen Aufstiegs einheimischer durch das Nachrücken ausländischer Arbeitskräfte und 6. für einzelne Erscheinungsformen internationaler Verdrängungskonkurrenz zwischen unqualifizierten einheimischen und ausländischen Arbeitskräften auf der internationalisierten unteren Ebene des doppelten Arbeitsmarkts; es gilt 7. für die daraus resultierende Klage über eine soziale Dequalifizierung von Arbeitsplätzen durch Ausländerbeschäftigung und 8. für die heute nicht minder geläufigen, vordergründigen Versuche einer Aufrechnung der Zahl ausländischer Arbeitskräfte gegen die Zahl einheimischer Arbeitsloser ohne zureichende Berücksichtigung der häufig deutlich verschiedenen Beschäftigungsbereiche beider Gruppen; es gilt 9. für die illegale Schattenseite des Arbeitskräfteimports, für jenen organisierten Menschenhandel mit seinen für die Betroffenen verheerenden Folgen, für den das Kaiserreich ebenso zahlreiche Beispiele bietet wie die Bundesrepublik; und es gilt schließlich 10. auch für jene

zwischen Fremdenfurcht und sozialer Ächtung siedelnden polemischen Kennworte, bei denen z. B. die Rede von den süd- und südosteuropäischen „Itakern“, „Katzelmachern“, „Kümmeltürken“ und „Kanaken“ auf durchaus ähnlicher Ebene liegt wie diejenige von den „dummen Polacken“ im Kaiserreich.
Im folgenden sollen nur einige der wichtigsten Funktionen der Gastarbeiterbeschäftigung vorgestellt werden, ohne daß in diesem Rahmen das Vergleichbare bzw. das Unvergleichbare zwischen Geschichte und Gegenwart jeweils explizit herausgearbeitet werden könnte. Zugrunde lege ich hier und in den beiden folgenden Kapiteln vor allem die Ergebnisse der jüngst vorgelegten Studie des Sozialwissenschaftlers F. Heckmann über das *Einwanderungsland Bundesrepublik,* die die Forschungsliteratur zur Gastarbeiterbeschäftigung einschließt und erstmals auch historische Arbeits- und Einwanderungen in klassischen Einwanderungsländern eingehender berücksichtigt[49].
Die Gastarbeiter übernahmen auf dem Arbeitsmarkt in der Bundesrepublik verschiedene wichtige Ersatz- bzw. Erweiterungs- und Pufferfunktionen: Eine erste Ersatzfunktion lag darin, daß sie bei anhaltendem Wirtschaftswachstum und vom Mauerbau bewirktem Ausbleiben des Zustroms aus der DDR das Arbeitskräftepotential stellten, das dieses Wachstum forderte und es zugleich weitertrug. Mit einheimischen Kräften war dieser steigende Arbeitskräftebedarf — ohne tiefgreifende Strukturveränderungen (s. Kap. 4.3.1.) — nicht mehr zu decken, denn die deutsche Erwerbsbevölkerung schrumpfte: Der Eintritt der geburtenschwachen Nachkriegsjahrgänge ins Erwerbsleben, die ‚Ausalterung‘ der erwerbstätigen Bevölkerung, die Verkürzung der Arbeits- und die Verlängerung der Ausbildungszeiten ließen den Anteil der erwerbstätigen Bevölkerung (15–65 Jahre) an der Gesamtbevölkerung von 67,2 % im Jahre 1961 auf 63,4 % im Jahre 1970 zurückgehen: Die Erwerbsquote sank von 47,6 % auf 43,7 %. Während die Zahl der einheimischen Erwerbstätigen 1960–1972 um 2,3 Mio. abfiel, wuchs der Anteil der ausländischen an der Gesamtzahl der Arbeitnehmer in der Bundesrepublik von 1,3 % im Jahre 1960 auf den Gipfel von 11,9 % im Jahre 1973. Der Zustrom von 2 Mio. Gastarbeitern in den 60er Jahren aber ließ die Gesamtzahl der Erwerbstätigen nur von 26,3 Mio. auf 26,7 Mio. ansteigen, das heißt der Gastarbeiterzustrom schloß vorwiegend Arbeitskräftelücken und steigerte nur geringfügig die Gesamtzahl der Erwerbstätigen. Er balancierte bei anhaltendem und nur durch die Rezession 1966/67 schwerwiegender gestörtem Wirtschaftswachstum die Angebot-Nachfrage-Spannung auf dem Arbeitsmarkt und forcierte zugleich

dieses Wachstum von der Arbeitsmarktseite her: Empirische Studien stützen die Annahme, daß der Beschäftigtenanstieg in der Industrieproduktion entscheidend zu diesem Wirtschaftswachstum beitrug. Die Gastarbeiter aber waren zum größten Teil industrielle Produktionsarbeiter. Bei Heckmann diskutierte Berechnungen des Wirtschaftswachstums lassen darauf schließen, daß 1960–1971 zumindest ein Siebentel dieses Wachstums auf die Gastarbeiterbeschäftigung zurückzuführen ist[50].

Eine weitere Ersatzfunktion übernahmen ausländische Arbeitskräfte insofern, als sie vielfach in Arbeitsplätze nachrückten, deren Lohn- und vor allem Arbeitsbedingungen einheimische Arbeitskräfte bei wachsenden Alternativangeboten nicht mehr akzeptierten. Das führte bereichsweise auf neue zu deutlichen Erscheinungsformen eines doppelten Arbeitsmarktes und auf seiner internationalisierten unteren Ebene zu einer ausländischen „Unterschichtung" des einheimischen Arbeitskräftepotentials auf einer beruflich-sozialen „Rangstufe noch unterhalb der deutschen Unterschicht"[51]. Dazu muß man sich zunächst vergegenwärtigen, in welchen Wirtschaftsbereichen, in welchen einzelnen Erwerbszweigen innerhalb dieser Bereiche und auf welchen betrieblichen Ebenen innerhalb dieser Erwerbszweige die Gastarbeiter vornehmlich eingesetzt waren: 1973 waren von den (bis auf 3% erfaßten) ausländischen Arbeitnehmern nur 1% in der Landwirtschaft, 17% im Dienstleistungsbereich, aber 79% im produktiven Gewerbe beschäftigt. Dabei lag der Ausländeranteil an der Gesamtzahl der Beschäftigten (Ausländerquote), der 1973 insgesamt 11,9% erreichte, in verschiedenen Erwerbsbereichen weit über diesem Durchschnitt, z.B. im Baugewerbe (21,9%), in der Kunststoff-, Gummi- und Asbestverarbeitung (20,6%) und im Gaststättengewerbe (20,5%), während in bestimmten Bereichen mit besonders harten Arbeitsbedingungen (z.B. Autofließbandmontage, Gießereiarbeit) sogar fast nur noch Ausländer beschäftigt waren. Für die gemeinhin als ‚Stellung im Betrieb' bezeichnete innerbetriebliche ökonomische und beruflich-soziale Position der Gastarbeiter, von denen 1973 insgesamt 82% als un- oder angelernte Arbeiter tätig waren, unterscheidet Heckmann vier Dimensionen: „Die Gastarbeiter verrichten einen Großteil der unqualifizierten, ungelernten und angelernten Arbeit in der Volkswirtschaft der Bundesrepublik (Qualifikationsdimension); diese Arbeit ist körperlich und/oder nervlich besonders belastend, schmutzig und unfallgefährdet (Tätigkeitsdimension); die Gastarbeiter sind zu fast 80% Produktionsarbeiter (betriebliche Bereichsdimension), die vor allem in Großbetrieben arbeiten; die Arbeit, die sie verrichten, ist äußerst unbeliebt und besitzt einen geringen Prestigewert (Prestigedimension)."[52] Für Betriebe, die bei solchen Arbeitsbedingungen einheimische Arbeitskräfte, wenn überhaupt, nur bei weit übertariflichen Lohnangeboten hätten gewinnen können, stand bis zum ‚Anwerbestop' 1973 unumschränkt jene ausländische Reservearmee bereit, die die Arbeitskräftelücke ohne zusätzliche, nicht selten sogar zu geringeren Lohnkosten schloß. Betriebe wiederum, die von einem durch Arbeitskräftemangel verursachten Rationalisierungsdruck an die Rentabilitätsgrenze gedrängt worden wären, konnten bei anhaltend günstiger Absatzlage mit Hilfe ausländischer Arbeitskräfte konkurrenzfähig gehalten werden.

Aus der Geschichte nicht minder bekannt ist auch die aktuelle Diskussion der Frage, ob die Ausländerbeschäftigung indirekt den beruflich-sozialen Aufstieg einheimischer Arbeitskräfte befördere oder durch Lohn- bzw. ‚Verdrängungskonkurrenz' behindere. Wie seinerzeit so gilt auch heute, daß beides richtig ist, nur für verschiedene einheimische Arbeitnehmergruppen. Heckmann: „1. Zwischen 1960 und 1970 stieg die Gesamtzahl der abhängig Beschäftigten geringfügig an. 2. Die Zahl der Arbeiter nahm im gleichen Zeitraum um ca. 1 Mio. ab (Zwischensaldo: 1 Mio. ‚Aufstiege'). 3. Im gleichen Zeitraum wuchs die Zahl der ausländischen Arbeiter um ca. 1,7 Mio., d. h. es müssen noch einmal 1,7 Mio. inländische Arbeiter ‚ersetzt' worden und ‚aufgestiegen' sein. 4. Gesamtsaldo der ‚Aufstiege' = 2,7 Mio. 5. Gleichzeitig nahm im untersuchten Zeitraum die Zahl der Angestellten um 2,3 Mio. zu. Diese Zunahme muß also vor allem aus dem Überwechseln aus Arbeitertätigkeiten erfolgt sein; die wichtigste Bedingung hierfür war die Zuwanderung der Gastarbeiter."[53] Die „Unterschichtung" einheimischer durch ausländische Arbeitskräfte war dabei in der Tat nicht etwa die Ursache, sondern nur eine — wenn auch entscheidende — Bedingung für den bei anhaltendem Wirtschaftswachstum und zunehmenden Alternativangeboten ermöglichten beruflich-sozialen Aufstieg einheimischer Arbeitskräfte aus Beschäftigungsbereichen, in denen die Verbesserung von Arbeits- und Lohnbedingungen mit der allgemeinen Entwicklung aus produktionstechnischen oder betriebswirtschaftlichen Gründen nicht Schritt halten konnte. Beruflicher und sozialer Aufstieg aber ist wesentlich an höhere Qualifikation gebunden. So gesehen, könnte wachsender Konkurrenzdruck durch Ausländerbeschäftigung sich auch in Qualifikationsdruck umgesetzt haben, in die Nötigung einheimischer Arbeitskräfte zu dem Versuch, solcher Konkurrenz durch jenen beruflich-sozialen Aufstieg zu entkommen, zu dem die Chancen für einheimische ungelernte Arbeitskräfte allemal besser waren als für ausländische. Bei den auf der internationalisierten unteren Ebene des doppelten Arbeitsmarktes verbliebenen un- bzw. angelernten einheimischen Arbeitskräften aber konnte internationale Konkurrenz an die Stelle ihrer „Unterschichtung" durch ausländische Arbeitskräfte treten. Die „lohndrückende Funktion der Gastarbeiter", schrieb der griechische Arbeitsmarktforscher M. Nikolinakos, „wirkt auf sie selbst und die einheimischen ungelernten Arbeitskräfte".

Heckmann hat diese Differenzierung der ‚Lohndruckthese' anhand der Lohnentwicklung für qualifizierte und unqualifizierte Arbeiten erhärtet: In den 50er Jahren waren die Löhne für unqualifizierte etwas schneller gestiegen als diejenigen für qualifizierte Arbeiten. In den 60er Jahren stiegen, trotz Arbeitskräftemangels im unqualifizierten Bereich, die Löhne für ungelernte bzw. angelernte Arbeitskräfte, deren Reihen jetzt zunehmend durch die Gastarbeiter verstärkt wurden, entweder mit geringeren oder etwa den gleichen Zuwachsraten wie die Facharbeiterlöhne. Ergebnis: „Die immer wieder Disproportionen ausgleichende Beschäftigung von Gastarbeitern hat das Ansteigen des relativen Lohnes der unqualifizierten Arbeit verhindert."[54]

Diese gruppen- bzw. schichtenspezifische Differenzierung der ‚Lohndruckthese' aber ist uns schon aus der in der historischen Diskussion um die ‚Polonisierung' des preußischen Ostens entwickelten ökonomischen ‚Verdrängungstheorie' bekannt, deren Gültigkeit im Sinne direkter Konkurrenzverhältnisse ebenfalls nur für einzelne Bereiche bestätigt werden konnte. Ganz ähnlich steht es umgekehrt mit der in der Krisenzeit der Gegenwart bei hohen Arbeitslosenzahlen verstärkt vordringenden und noch zu diskutierenden Klage über jene Dequalifizierung von Arbeitsplätzen durch Ausländerbeschäftigung zu ‚Ausländerjobs', die darin Ausdruck finde, daß einheimische Arbeitslose nicht mehr bereit seien, auf der internationalisierten unteren Ebene des doppelten Arbeitsmarktes in Konkurrenz zu den dort beschäftigten Ausländern zu treten. Verwandt damit ist auch der gerade im Sozialmilieu der zum Teil in der Tat ‚konkurrenzgeschädigten' einheimischen un- bzw. angelernten Arbeitnehmer vorhandene latente Aggressionsstau gegenüber den auf diesen Ebenen einrückenden ausländischen Arbeitskräften, der sich heute, im Zeichen zunehmender Massenarbeitslosigkeit, zu gefährlicher ‚Ausländerfeindlichkeit' zu verdichten scheint (hierzu Kap. 5.4.).

Konjunkturelle Pufferfunktionen der Ausländerbeschäftigung im Wechsel von Aufschwung und Krise sind in der Bundesrepublik nicht allein

Ergebnis der Angebot-Nachfrage-Spannung im internationalisierten Arbeitsmarktgeschehen, sondern einer Verschränkung dieses freien Spiels der Kräfte mit dem Steuerungsinstrumentarium staatlicher Arbeitsmarktpolitik. Sie ähneln insofern weniger der Ausländerbeschäftigung im Kaiserreich, in dem es zwar restriktive staatliche Kontrollsysteme, aber noch keine übergreifenden arbeitsmarktpolitischen Steuerungsinstrumentarien gab, und mehr der Entwicklung in der Weimarer Republik, in der die Verbindung des Legitimationszwanges mit dem Genehmigungsverfahren durch die Reichsanstalt für Arbeitsvermittlung und Arbeitslosenversicherung (die Vorläuferinstitution der heutigen BA) solche arbeitsmarktpolitischen Staatsinterventionen erstmals umfassender ermöglichte. Die staatlichen Interventionen ins internationale Wanderungsgeschehen auf dem Arbeitsmarkt in der Bundesrepublik „verfolgen das Ziel, in der Krise einheimischen Arbeitskräften (zu denen jetzt eingeschränkt auch die aus EG-Ländern gerechnet werden) auf Kosten der Ausländer (aus Nicht-EG-Ländern) die Beschäftigung zu erhalten". Das Arbeitsförderungsgesetz und das auf die „Belange der Bundesrepublik Deutschland" abgestellte Ausländerrecht mit seinen flexiblen Ermessensspielräumen bieten das wichtigste gesetzliche Instrumentarium dazu. Das Ergebnis zeigt ein Vergleich der Kurven des Wirtschaftswachstums (Schaubilder 12, 13) mit der Kurve der Ausländerbeschäftigung (Schaubild 11). Sie spiegelt in ihrem von den beiden leichteren Störungen 1962 und 1971 nur schwach tangierten Anstieg das Wirtschaftswachstum ebenso wie in ihren scharfen Einbrüchen die erste Rezession 1966/67 und den Durchbruch der Energieprobleme, die 1973 aus Sorge vor Massenarbeitslosigkeit den ‚Anwerbestop' veranlaßten und sich in ihren Folgen Mitte der 70er Jahre zur zweiten Rezession verdichteten: In der Krise 1966/67 ging die Ausländerbeschäftigung um ca. 30%, von 1,3 Mio. auf 0,9 Mio. (Jan. 1968), zurück. Das galt — auch hier liegt ein Vergleich mit der Weimarer Zeit nahe — besonders in stark konjunkturabhängigen Erwerbsbereichen, während in weniger konjunkturabhängigen und von einheimischen Arbeitskräften und selbst Arbeitslosen wenig gefragten Bereichen der Ausländeranteil in der Krise nicht nur stabil blieb, sondern sogar noch leicht weiterstieg. Auch der zunächst durch den ‚Anwerbestop' von 1973 und seine flankierenden Maßnahmen ausgelöste Rückgang der Ausländerbeschäftigung bestätigte deren Pufferfunktion zugunsten der einheimischen Arbeitnehmerschaft, besonders in stark konjunkturabhängigen Erwerbsbereichen: Die ausländische Erwerbsbevölkerung schrumpfte von September 1973 bis September 1978 um 22,7%

(597300), die Ausländerquote fiel von 11,9% (2,6 Mio.) auf 9,2% (1,9 Mio.). Die Zahl der einheimischen Beschäftigten sank von September 1974 bis September 1975 um 2,8%, die der ausländischen aber um 10,8%. Während die Gesamtzahl der im stark konjunkturabhängigen Baugewerbe Beschäftigten 1973–1975 um 15% abnahm, stürzte die Zahl der ausländischen Bauarbeiter um 41% ab. Die Pufferfunktion der Gastarbeiter wirkte dabei nicht nur gesamtwirtschaftlich, sondern, wegen ihrer hohen regionalen Mobilität, auch zwischen einzelnen Teilarbeitsmärkten[55].

Schaubild 14 zeigt diese konjunkturelle Pufferfunktion der ausländischen Erwerbsbevölkerung im Spiegel der Arbeitslosenzahlen 1969–1978. Die weit über der der deutschen liegende Kurve der ausländischen Arbeitslosen aber läge noch weit höher, wenn diejenigen Gastarbeiter berücksichtigt wären, die aus der Arbeitslosigkeit die Konsequenz der Rückwanderung zogen und deshalb ebensowenig als Arbeitslose gezählt wurden wie diejenigen, die zwar blieben, sich aber nach vergeblicher Arbeitssuche in die ‚stille Reserve' zurückzogen und vom Einkommen anderer Familienmitglieder lebten. Daß und warum diese konjunkturellen Pufferfunktionen der Ausländerbeschäftigung in der Bundesrepublik seit dem letzten Drittel der 70er Jahre immer weniger greifen, wird noch zu zeigen sein.

Schaubild 14:
Arbeitslose Deutsche und Ausländer in der Bundesrepublik
(1969 = 100) 1969–1978

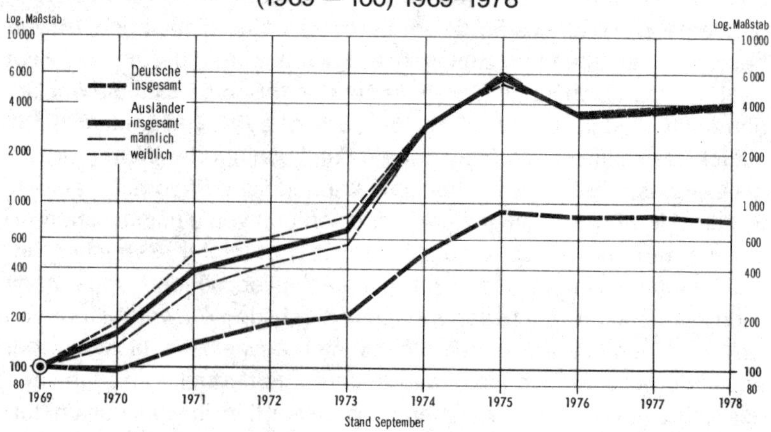

Statistisches Bundesamt 790644

Weil die konjunkturellen Ausgleichsfunktionen der Ausländerbeschäftigung im Aufnahmeland wegen der Internationalisierung des Arbeitsmarktgeschehens auf die Herkunftsländer der Gastarbeiter zurückwirken, kann im Krisenfall von einem „Export von Arbeitslosen" gesprochen werden[56]. Insofern scheinen die Herkunftsländer der Gastarbeiter im umgekehrten Sinne in diese Pufferfunktion einbezogen zu sein: In Zeiten wirtschaftlichen Aufschwungs strömt dort aus strukturellen Gründen vorhandenes überschüssiges Arbeitskräftepotential ab. In Krisenzeiten kehrt ein Teil des im Aufnahmeland freigesetzten Arbeitskräftepotentials zurück, sofern arbeitslose Ausländer, deren Aufenthaltserlaubnis mit dem Beschäftigungsverhältnis nicht erlischt, es nicht vorziehen, in der Bundesrepublik von Sozialhilfegeldern zu leben, mit denen sie zumindest dann besser gestellt sind, wenn im Herkunftsland ebenfalls Arbeitslosigkeit droht.

Diese Perspektive wird gemeinhin gemildert durch Hinweise auf den persönlichen ökonomischen Zugewinn der Gastarbeiter beim Auslandsaufenthalt, auf den Lohngeldtransfer ins Herkunftsland und auf eine Art Technologietransfer durch Qualifikation beim Auslandsaufenthalt. Und doch ist diese Perspektive aus zwei Gründen einseitig: 1. Internationale wirtschaftliche Wachstumsstörungen wirken auch auf die Herkunftsländer der Gastarbeiter ein, deren Wirtschaft mithin durch das mit dem „Export von Arbeitslosen" gestellte Problem einer Reintegration zurückkehrender Gastarbeiter noch zusätzlich belastet wird. 2. Ein strukturell bedingtes und in Zeiten wirtschaftlichen Aufschwungs abrufbares Überangebot an Arbeitskraft herrscht zwar generell in den meisten Herkunftsländern der Gastarbeiter, aber durchaus nicht in allen Wirtschaftsbereichen. Das kann dazu führen, daß dort, ähnlich wie vor dem Ersten Weltkrieg im Aus- und Abwanderungsraum Galizien, gelegentlich ebenfalls ausländische Arbeitskräfte angeworben werden müssen, um die Angebot-Nachfrage-Spannung in bestimmten Teilarbeitsmärkten auszugleichen. Ergebnis ist dann ein auf die Herkunftsländer der Gastarbeiter zurückschlagender Sekundäreffekt — Internationalisierung durch Internationalisierung — mit durchaus verwandten Problemen: In Italien etwa gab es 1980 rund 500 000 vorwiegend aus dem Maghreb, aus Ägypten und einigen schwarzafrikanischen Ländern stammende, zumeist illegal beschäftigte ‚Gastarbeiter'. Sie rücken hier in Erwerbsbereiche nach, die mit italienischen Arbeitskräften deswegen kaum mehr auszufüllen sind, weil diejenigen, die solche Tätigkeiten verrichteten, dies bei ähnlichen Arbeitsbedingungen, aber besserem Lohn vorzugsweise außer Landes tun. Unterdessen veröden ganze

Wirtschaftszweige, wie etwa die Landwirtschaft im Aus- und Abwanderungsraum Kalabrien, weil Arbeitskräfte im besten Erwerbsalter in die Industrie abwandern bzw. als Gastarbeiter auswandern und die zurückbleibenden nicht imstande sind, die noch extensiv wirtschaftenden, ertragsarmen Kleinbetriebe lebensfähig zu halten. Scharf pointiert, könnte aus alldem mit V. McRae gefolgert werden, „daß durch die Beschäftigung ausländischer Arbeiter in der Bundesrepublik nicht wir den Herkunftsländern der Gastarbeiter, sondern diese letztlich uns Entwicklungshilfe leisten". Die Herkunftsländer der Gastarbeiter suchen die negativen Folgen der internationalen Arbeitskräftewanderung durch eigene Konzepte zu mildern bzw. positiv zu gestalten, in Kooperation mit Aufnahmeländern, die, wie die Bundesrepublik, ihrerseits an einer Aufrechterhaltung bzw. Stimulierung der ‚Rückkehrbereitschaft' ausländischer Arbeitskräfte interessiert sind[57].
Die Gastarbeiter selbst aber geraten dabei in ihrer transnationalen Bewegung nicht selten zwischen die Grenzen, wenn sie nicht durch lange Aufenthaltsdauer arbeits- und sozialrechtlich soweit im Aufnahmeland abgesichert bzw. durch die EG-Mitgliedschaft ihres Herkunftslandes soweit geschützt sind, daß sie sich den ihnen zugedachten Pufferfunktionen zumindest teilweise entziehen oder gar ihren Gastarbeiterstatus einer Einwandererexistenz annähern können. Das führt zu der Frage, ob und inwieweit die Gastarbeiterbevölkerung in der Bundesrepublik begonnen hat, sich ökonomisch und sozial zur Einwandererminorität zu wandeln.

4.3. Die Gastarbeiterbevölkerung als Einwandererminorität

In den Jahren der Träume vom vermeintlich über kurzfristige Störungen hinweg unbegrenzt anhaltenden Wirtschaftswachstum wurde die Existenz einer ‚Gastarbeiterfrage' in der Bundesrepublik häufig schlichtweg bestritten oder doch weniger als Problem des Aufnahmelandes, denn als Problem der Gastarbeiter selbst verstanden. Eine neue Situation und eine andere Sicht der ‚Gastarbeiterfrage' ergaben sich, als in den auf die Energiekrise folgenden weltweiten Wachstumsstörungen Mitte der 70er Jahre die Diskussion um die Grenzen des wirtschaftlichen Wachstums in den Vordergrund trat, als Störungen des Wirtschaftswachstums ihren Ausnahmecharakter zu verlieren und, umgekehrt, zur von kurzen Erholungsphasen unterbrochenen Dauererscheinung zu werden schienen und schließlich Anfang der 80er Jahre konjunkturell und strukturell bedingte Massenarbeitslosigkeit das Gespenst einer neuen Weltwirtschaftskrise weckte. Seither beginnt, im Blick auf die Pufferfunktionen der Ausländerbeschäftigung scheinbar folgerichtig, die Frage vorzudringen, ob die Ausländerbeschäftigung bei wirtschaftlichem ‚Null-Wachstum' und einer die Zwei-Millionen-Grenze überschreitenden Massenarbeitslosigkeit nicht ganz oder doch weitgehend abzubauen sei. Es geht dabei um das Problem, ob und inwieweit die Gastarbeiterbevölkerung in der Bundesrepublik 1. nach ihrer ökonomischen Stellung (Kap. 4.3.1.), 2. nach ihrer sozialen Lage und ihrem Selbstverständnis (Kap. 4.3.2.) und 3. im Blick auf absehbare künftige Entwicklungstendenzen von Bevölkerung und Wirtschaft (Kap. 5.2.1.) als Einwandererminorität zu verstehen ist.

4.3.1. Die ökonomische Stellung der Gastarbeiterbevölkerung

Die Frage, ob die Gastarbeiterbevölkerung, vom Aufnahmeland aus gesehen, eine ökonomisch nötige Einwandererminorität sei, ist gleichbedeutend mit der Frage nach ihrer Entbehrlichkeit bzw. Ersetzbarkeit als Erwerbsbevölkerung und nicht zuletzt auch als millionenstarke Konsumentengruppe. Heckmann unterscheidet, je nach gesamtwirtschaftlicher Situation, eine ‚Wachstumsperspektive' und eine ‚Krisenperspektive', unter denen sich diese Frage jeweils anders stellt und doch zu gleichen Antworten führt:
Aus der Wachstumsperspektive ergaben sich vier Alternativen zur Gastarbeiterbeschäftigung, die der Leiter des Instituts für Arbeitsmarkt und Berufsforschung (IAB) der BA, D. Mertens, 1974 formulierte: „1. Wachstumsverzicht im Inland durch Produktionsverzicht der Wirtschaft oder 2. durch Produktionsverlagerung ins Ausland, 3. Beschleunigung des Produktionswachstums, 4. Kompensation der Arbeitskräftelücken durch Verlängerung der Arbeitszeit, 5. Schließung der Arbeitskräftelücken aus inländischen Reserven." Alle fünf Alternativen — die ohnehin Züge eines der freien Wettbewerbsordnung fremden, zentralen Steuerungsinstrumentariums voraussetzten — würden erhebliche Folgeprobleme zeitigen: ein Wachstums- bzw. Produktionsverzicht wegen der Gefährdung der internationalen Konkurrenzfähigkeit und wegen der einschneidenden Folgen für den Sozialetat; eine Produktionsverlagerung in die Herkunftsländer der Gastarbeiter wegen der dazu nötigen extremen Investitionskosten; eine forcierte Produktivitätssteigerung wegen des damit verbundenen Rationalisierungsdrucks und der daraus resultierenden sozialen Probleme; eine Arbeitszeitverlängerung wegen ihrer Querlage zu den gemeinhin geltenden sozialen Fort-

schrittsperspektiven; eine Deckung des Arbeitskräftebedarfs aus inländischen Reserven wegen der damit verbundenen Nötigung zu einer besonderen Steigerung der Frauenbeschäftigung, die mittelfristig außerordentliche gesellschaftliche Probleme und darüber hinaus sogar gegenläufige Konsequenzen (Verschärfung des Geburtenrückgangs) zeitigen könnte. Heckmann kommt deshalb zu dem Ergebnis, „daß ein Ersatz der ausländischen Arbeitskräfte nicht möglich erscheint, d.h. daß sie nach ihrer ökonomischen Stellung als Einwanderer gelten müssen".

Anders und doch mit gleichem Ergebnis stellt sich die Krisenperspektive dar, unter der es nicht etwa nur um eine zeitweise Reduzierung der Gastarbeiterbevölkerung (Pufferfunktion) geht, sondern um Möglichkeiten und Folgen ihres Abbaues insgesamt. Heckmann diskutiert diese Frage vorwiegend im Blick auf drei gesamtwirtschaftliche Aspekte und Entwicklungslinien: 1. Produktion, 2. Nachfrage, 3. Qualifikation. Er geht dabei von einer gestörten Normallage aus und nicht von einer Katastrophensituation in den Dimensionen der Weltwirtschaftskrise der 30er Jahre, die, sollte sie tatsächlich bevorstehen, eine grundsätzlich neue Situation schaffen würde: 1. Von den Zentralbereichen der Produktion aus, in denen die Gastarbeiter beschäftigt sind, würde deren Abzug das Sozialprodukt drastisch reduzieren, mithin die Arbeitslosigkeit sogar steigern und die Krise weiter verschärfen; 2. in der Nachfrageentwicklung würde ein Abzug von heute rund 4,6 Mio. ausländischen Konsumenten nicht minder krisenverschärfend wirken; 3. ebensowenig entbehrlich erscheinen die Gastarbeiter im Blick auf die Qualifikationsentwicklung, weil trotz zunehmender Mechanisierung und Automatisierung der Bedarf an jenen unqualifizierten, un- bzw. angelernten Arbeiten relativ stabil bleibt, die in besonderem Maße gerade von den Gastarbeiter übernommen worden sind.

Vorstellungen, die ausländischen Arbeitskräfte in diesen Erwerbsbereichen durch einheimische zu ersetzen, gehen von der — zumindest derzeit noch falschen — Voraussetzung aus, daß die einheimischen allgemein und durchweg bereit seien, unter gleichen Bedingungen an ihre Stelle zu treten. Deswegen auch weist Heckmann jene simplen Argumentationen, „die die Zahl der einheimischen Arbeitslosen gegen die Zahl der beschäftigten ausländischen Arbeiter einfach aufrechnen und aus dem Saldo die Anzahl der ‚überflüssigen' Arbeiter errechnen", als vordergründige „Milchmädchenrechnungen" ab, ohne freilich auszuschließen, daß ein Teil der Gastarbeiter in die Herkunftsländer zurückkehren muß — was lediglich für ihre bekannte Pufferfunktion, nicht aber für ihre gänzliche Entbehrlichkeit bzw. Ersetzbarkeit spricht. Dafür gibt es historische wie aktuelle Belege: Der erste Anwerbevertrag mit Italien wurde 1955 geschlossen, als in der Bundesrepublik noch 1,07 Mio. Arbeitslose gezählt wurden, während bereits 25% (1959 mehr als 50%) der befragten Unternehmen Produktionserschwerungen durch Arbeitskräftemangel meldeten. Während die wachsenden Arbeitslosenzahlen im Zentrum der Diskussion um die Krisenlage der Gegenwart stehen, drängen auch heute noch verschiedene Branchen, die trotzdem unter Arbeitskräftemangel leiden (z.B. Gießereien, Gaststätten- und Hotelgewerbe), auf eine Aufhebung des ‚Anwerbestops' für bestimmte Betriebe und Arbeitsbereiche. Versuchen, ausländische Arbeitnehmer schlichtweg gegen einheimische Arbeitslose aufzurechnen, hält Heckmann objektive und subjektive Befunde entgegen: 1. deckt sich die Arbeitslosenstruktur nicht mit der Struktur des Stellenangebots bzw. mit den Strukturmerkmalen der Stellen, die durch eine Rückkehr der Gastarbeiter frei würden; 2. hat die indirekte Beförderung des beruflich-sozialen Aufstiegs einheimischer durch ausländische Arbeitskräfte („Unterschichtung") zu einer sozialen Dequalifizierung dieser ‚Ausländerjobs' geführt, deren Übernahme durch einheimische Arbeitskräfte nunmehr durch die „Angst vor sozialem Abstieg" blockiert wird. Fazit Heckmanns: „Arbeitslosenstruktur und Stellenangebote weisen also objektive und subjektive Disproportionen auf, die die Gastarbeiterbeschäftigung zu einer ökonomischen Notwendigkeit machen"[58]. Auch unter der Krisenperspektive erscheint die Gastarbeiterbevölkerung mithin aus der Sicht des Aufnahmelandes als ökonomisch nötige Einwandererminorität. Bleibt zu fragen, wie sich dies im Blick auf die soziale Lage und aus der Sicht der Gastarbeiterbevölkerung selbst darstellt.

4.3.2. Die soziale Lage der Gastarbeiterbevölkerung

Transnationale Arbeitswanderer unterscheiden sich von Einwanderern durch eine Vielzahl von Charakteristika, von denen hier nur einige der wichtigsten aufgeführt werden können: Sie gehen, wenn sie nicht durch anhaltende Arbeitslosigkeit im Herkunftsland dazu genötigt werden, deshalb zu mehr oder minder befristeter Arbeitnahme ins Ausland, um mit Hilfe dort unter besseren Lohnbedingungen gemachter Ersparnisse die herkömmliche Existenzgrundlage im Herkunftsland zu verbessern oder dort eine neue bzw. andere aufzubauen. Es handelt sich dabei also um einen ökonomisch-spekulativ begründeten Entschluß zur Arbeitnahme auf Zeit mit fester Rückkehrabsicht, die realisiert wird, wenn das angesparte Kapital zum Aufbau der erstrebten – in der Regel als kleinbürgerlich-selbständig vorgestellten – Existenzgrundlage ausreicht. Um die erstrebten Ersparnisse nicht durch die im Aufnahmeland in der Regel höheren Kosten für den Familienunterhalt zu mindern, kommen zumeist nicht Arbeiterfamilien, sondern vorwiegend männliche Einzelwanderer im besten Erwerbsalter von 20 bis 40 Jahren. Deshalb auch haben transnationale Arbeitswanderer in der Regel eine im Vergleich zur Bevölkerung des Aufnahmelandes extrem höher liegende Erwerbsquote. Sie akzeptieren häufig auch härteste Arbeitsbedingungen, ohne besondere Widerstandsbereitschaft zu zeigen: 1. weil sie zumeist aus wirtschaftlich und gesellschaftlich rückständigeren Gebieten kommen und deshalb ebenso unzureichende Erfahrungen in der Einschätzung des Risikos von Arbeitskonflikten haben wie in der Einschätzung legitimer und illegitimer Arbeitsanforderungen; 2. weil sie ihre Aufenthalts- und Arbeitserlaubnis nicht gefährden wollen; 3. weil sie bei ihrem befristeten Arbeitsaufenthalt im Ausland weniger Interesse an langfristiger Verbesserung der Arbeitsbedingungen als an möglichst hohem Lohngeldtransfer ins Herkunftsland haben. Sie leisten Konsumverzicht, um ihre Ersparnisse möglichst hoch zu halten, ziehen billigere Gemeinschaftsunterkünfte den teureren Einzelwohnungen vor. Sie verzichten im Aufnahmeland weitgehend auf teure, Erfolg signalisierende Statussymbole, leben nach ihrer Einschätzung bescheiden, nach derjenigen der Aufnahmegesellschaft eher ärmlich, wobei der Versuch des Erfolgsnachweises durch äußere Kennzeichen (Auto, Kleidung, Geschenke) nur bei Besuchen im Herkunftsland Sparverhalten und Konsumverzicht relativiert. Sie leben nicht in jenen aus dem Einwanderungsprozeß in amerikanischen Großstädten (‚Little Italy', ‚Chinatown'; im 19. Jahrhundert aber auch ‚Little Germany') wie aus der Siedlungsweise nationaler Minderheiten in Deutschland selbst bekannten Einwandererkolonien (‚Polenkolonien' im Ruhrgebiet), die die kulturelle Identität der Einwanderergruppen im Einwanderungsprozeß stützen und zugleich auf das Vorliegen eines solchen Prozesses hinweisen. Ihr Bewußtsein wird mithin auch nicht bestimmt durch Sozialmilieu und Lebensformen in solchen Einwandererkolonien oder gar, vom Arbeitsmilieu selbst abgesehen, durch das Normengefüge der Aufnahmegesellschaft, sondern durch die Gesellschaft, der sie entstammen und in die sie möglichst bald erfolgreich zurükkehren wollen. Sie bilden mithin als ‚Gastarbeiter' im eigenen Interesse eine fremdbestimmte Gruppe in der Aufnahmegesellschaft, an die sie nur jenes Arbeitsverhältnis bindet, das Mittel für Zwecke im Herkunftsland erbringen soll.

Und doch läßt sich transnationale Arbeitswanderung nur idealtypisch so klar von definitiver Aus- bzw. Einwanderung abheben; denn Einwanderung ist — wie Auswanderung (s. o.) — sozialgeschichtlich ein langfristiger, stufenweiser Prozeß mit fließendem Eingang (ökonomische und soziale Integration im Aufnahmeland) und fließendem, nicht selten Generationen übergreifendem Abschluß (Assimilation im Aufnahmeland), innerhalb dessen im Grunde nur die Einbürgerung eine feste äußere Wegmarke bildet. Am Anfang aber kann durchaus der Entschluß zu einer mehr oder minder befristeten Arbeitswanderung gestanden haben. Bei zunehmender Aufenthaltsdauer und immer wieder zurückgestelltem Rückwanderungsentschluß kann die Zeitperspektive schließlich so weit zurücktreten, daß Aufenthalte im Herkunftsland nurmehr als Unterbrechungen jenes Auslandsaufenthalts (‚Urlaub in der Heimat') verstanden werden, der schrittweise in einen Einwanderungsprozeß mündet, ohne daß, im glücklichsten Fall, dem ehemaligen Arbeitswanderer selbst dieser — nicht selten durch eine schwere kulturelle Identitätskrise belastete — Übergangsprozeß in all seinen Stufen zureichend deutlich geworden wäre. Eben dieser Übergang von der Arbeitnahme auf Zeit zum Einwanderungsprozeß ist in weiten Bereichen der Gastarbeiterbevölkerung in der Bundesrepublik erkennbar[59].
Was einmal für jene Gastarbeiter galt, die in den 60er Jahren noch vorwiegend als Einzelwanderer in die Bundesrepublik kamen, gilt heute weithin nurmehr bedingt: Sie halten zwar — ihren Ersatz- und Pufferfunktionen entsprechend — nach wie vor zumeist besonders unbeliebte Arbeitsplätze unter vergleichsweise harten Arbeitsbedingungen und leisten bis heute erheblich mehr Überstunden als einheimische Arbeitskräfte. Ihre Konsumnorm aber ist auf Kosten der einseitigen Sparorientierung deutlich gestiegen. Das ist wesentlich Ergebnis der Tatsache, daß sich das Verhältnis von Arbeitskräften und nichterwerbstätigen Familienmitgliedern innerhalb der Gastarbeiterbevölkerung merklich verschoben hat. In Geschlechts-, Altersstruktur (Schaubild 15) und Erwerbsquote nähert sich die Gastarbeiterbevölkerung tendenziell der Aufnahmegesellschaft an: 1970 stellte in der ausländischen Wohnbevölkerung der Bundesrepublik die männliche noch 63%, die weibliche nur 37%. 1977 war der männliche Anteil auf 56% geschrumpft, der weibliche auf 44% gestiegen. Der ‚Anwerbestop' von 1973, seine flankierenden Maßnahmen und die reguläre Rückwanderung reduzierten die ausländische Erwerbsbevölkerung zwar innerhalb eines Jahrfünfts um fast 23%, von knapp 2,6 Mio. (1973) auf knapp 1,9 Mio. (1978); die ausländische Wohnbevölkerung insgesamt aber verminderte sich 1974 bis

Schaubild 15:
Altersaufbau der Ausländer in der Bundesrepublik
am 6.6.1961 und am 30.9.1980

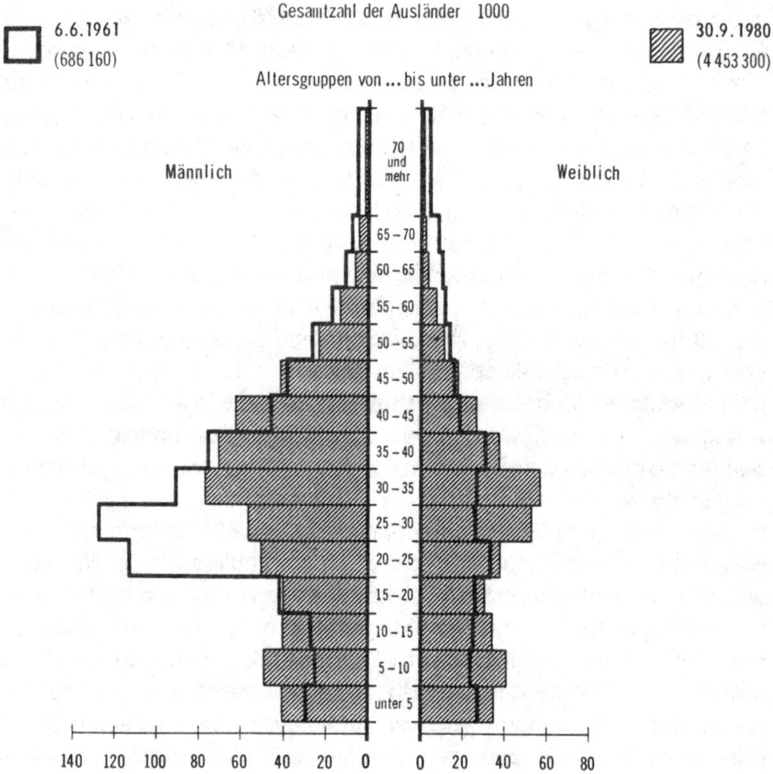

Statistisches Bundesamt 810062

1978 nur um 3,5 % (146 000). Sie wuchs 1974 sogar um 4 % (161 000) auf 4,1 Mio. und bis 1981 auf rund 4,6 Mio. an. Das hat mit dem verstärkten Nachrücken nichterwerbstätiger Familienmitglieder und mit dem Zuwachs an in der Bundesrepublik geborenen ‚Gastarbeiterkindern' zu tun. Der Anteil der Erwerbsfähigen (15–65 Jahre) an der ausländischen Wohnbevölkerung sank von rund 83 % im Jahre 1973 auf rund 74 % im Jahre 1978, die Erwerbsquote der Ausländerbevölkerung von rund 78 % im Jahre 1961 (einheimische Bevölkerung: 47 %) auf rund 54 % im Jahre 1978 (einheimische Bevölkerung: rund 43 %). Auch an dieser Tendenz

hat sich bis heute wenig geändert. Ergebnis Heckmanns: „Annäherungstendenzen an die inländische Bevölkerung in der Altersgliederung, der Geschlechterrelation und der Erwerbsquote der ausländischen Bevölkerung dokumentieren die Existenz eines Einwanderungsprozesses von der demographischen Seite her."[60]
Verwandte Entwicklungstendenzen weist Heckmann auch für Familienleben und Siedlungsweise der Gastarbeiterbevölkerung nach. An die Stelle billiger Heimunterkünfte für einzelne Arbeitswanderer traten bei verstärktem Familiennachzug die häufig überteuerten Kleinwohnungen der Gastarbeiterfamilien. Die Familienzusammenführung aber ist selbst ein Indiz für den Übergang zum Einwanderungsprozeß: Während 1972 20% der befragten Gastarbeiter auf Dauer in der Bundesrepublik bleiben wollten, gaben von denen, die ihre Kinder hatten nachkommen lassen, bereits 37% diese Absicht zu erkennen. Von einem echten Einwanderungsprozeß zeugt auch der hierfür nachgerade klassische Kulturkonflikt innerhalb der Gastarbeiterfamilien zwischen der Ersten Generation (Eltern) und der in der Regel zweisprachigen und in weit höherem Maße assimilationsbereiten bzw. — von den türkischen Jugendlichen abgesehen — häufig schon weitgehend assimilierten Zweiten Generation (‚Gastarbeiterkinder'). Der Wandel von der Arbeitswanderung zum Einwanderungsprozeß spricht auch aus der Siedlungsweise, aus der Konzentration der Gastarbeiter in zuweilen gettoartigen Ausländervierteln (‚Kolonien') in großstädtischen wirtschaftlichen Verdichtungsräumen mit ihren ebenfalls aus der Einwanderungsgeschichte bekannten Problemen nach außen und innen:
Die Kolonie ist vorwiegend, aber nicht nur im räumlichen Sinne als geschlossene Einwanderersiedlung zu verstehen. Sie kann auch informellen Charakter haben: Die Ausländerfamilien leben dann nicht zusammengeballt, sondern über einzelne Häuser oder Wohnungen verstreut in Stadtvierteln mit hohem Ausländeranteil. Sie werden aber durch festgefügte Kommunikationskreise beieinander gehalten, die sie einerseits von der fremden Umwelt abgrenzen und andererseits — bei wachsendem Zuzug ausländischer und zunehmendem Fortzug einheimischer Wohnbevölkerung — zur räumlichen Verdichtung der Kolonie beitragen. Die Kolonie bot und bietet, in der Geschichte wie in der Gegenwart, ein Stück Heimat in der Fremde und ist doch — im Gegensatz zu ihrer Einschätzung durch die einheimische Bevölkerung — weit mehr als etwa bloße Verpflanzung von heimatlichen Lebensformen. Sie wirkt nach außen hin geschlossen, wird um so mehr von außen her abgeschlossen und ist doch in ihrem Innern vielfältig zersplittert: Dazu

gehört die teilweise deutliche Gliederung nach regionalen Gruppen, Verwandten- und Bekanntenkreisen oder auch nach schon im Herkunftsland bestehenden bzw. im Einwanderungsprozeß verschobenen sozialen Differenzen; dazu gehören auch das Überspringen von internen Konfliktlagen aus dem Herkunftsland in die Kolonie (‚Ausländerterrorismus') und die Tendenz, Frustrationen durch die Welt außerhalb der Kolonie in Aggressionen innerhalb der Kolonie und damit auch in jene ‚Ausländerkriminalität' umzusetzen, deren Opfer zunächst im Kreise der Ausländer selbst zu suchen sind. Die Kolonie ist, trotz ihrer festgefügten Verkehrskreise, ihrer besonderen Lebensformen und ihrer harten sozialen Kontrolle im Innern, keine Gemeinschaft auf Dauer, sondern ein — freilich zuweilen Generationen übergreifendes — Durchgangsstadium im Einwanderungsprozeß. Sie erleichtert diesen Prozeß zunächst und erschwert ihn zugleich für diejenigen, die zu lange in ihrem Bannkreis bleiben; denn durch die Kolonie, die zunächst nur Schutz in der kulturellen Identitätskrise bietet, treten ‚Arbeit' (Kontakt außerhalb der Kolonie) und ‚Leben' (Kontakt innerhalb der Kolonie) in zwei getrennte Bereiche auseinander. Die Begegnung mit der die Kolonie umschließenden Aufnahmegesellschaft beschränkt sich vorwiegend auf das Arbeitsmilieu und auf die Versorgung, soweit sie nicht in der Kolonie selbst erledigt werden kann. Das gilt heute besonders für die türkische Auslandskultur in der Bundesrepublik. Hier hatte die Koloniebildung schon in ihren Anfängen deutlich diese Doppelfunktion als kulturelle Stütze der in ihr lebenden „Einwanderergesellschaft" (Heckmann) und zugleich als kulturelle Barriere gegenüber der sie umschließenden Aufnahmegesellschaft[61].

Als weitere besondere, ebenfalls aus der Einwanderungsgeschichte bekannte „Indizien für die Entstehung einer eigenständigen sozialkulturellen und ökonomischen Organisation der Gastarbeiterbevölkerung" im Übergang zum Einwanderungsprozeß nennt Heckmann eigene kirchliche und schulische Einrichtungen, Vereine, Geschäfte, Gastarbeiterlokale (im Gegensatz zu den vorwiegend von Einheimischen besuchten ausländischen Spezialitätenrestaurants) bis hin zur Niederlassung ausländischer Ärzte. Vieles davon ist in Deutschland selbst bekannt aus der Geschichte der ‚Ruhrpolen', deren Tätigkeitsfelder unter Tage heute besonders von türkischen Bergarbeitern übernommen werden, so daß statt von ‚Polenzechen' zum Teil geradewegs von ‚Türkenzechen' gesprochen werden könnte. Entscheidend ist dabei die — von Heckmann ebenfalls anhand historischer Einwanderungsprozesse in klassischen Einwanderungsländern begründete —

Korrektur jener heute geläufigen falschen „Fragen nach Kontakten zwischen deutscher und ausländischer Bevölkerung oder der Vereinszugehörigkeit von Ausländern als Integrationsmaß": Bei der Einschätzung eines Einwanderungsprozesses geht es in der Tat viel mehr um die Frage, „welche Sozialsysteme die ausländische Bevölkerung selbst entwickelt hat, um ihre Angehörigen zu integrieren, nicht in die deutsche Gesellschaft als Einwanderungsgesellschaft, sondern in die Gesellschaft der Einwanderer in Deutschland. Die Frage der Integration, wie sie heute üblicherweise diskutiert wird, stellt sich überhaupt erst mit späteren Wandlungs- und Auflösungsprozessen der Kolonie und der Assimilation der Einwanderer in einem Prozeß, der über mehrere Generationen verläuft"[62].
In jenen Kolonien aber, die sich in der Bundesrepublik gegenwärtig herausbilden, steht, so Heckmanns zentrale These, die Gastarbeiterbevölkerung im Grunde zwischen drei gesellschaftlichen Welten, die ihr Bewußtsein und ihren Umweltbezug bestimmen: 1. der Welt ihrer jeweiligen Herkunftsgesellschaft, der sie bei längerem Auslandsaufenthalt immer weniger angehört, 2. der Welt der Aufnahmegesellschaft, der sie noch nicht hinreichend zugehört, und 3. der in der Kolonie zusammengeschlossenen Welt der „Einwanderergesellschaft", deren Existenz und Lebensformen sich aus eben jener Zwischenstellung ergeben. Je länger der Aufenthalt, desto stärker die Ausgliederung aus dem gesellschaftlichen Kontext der heimatlichen Welt und desto stärker die Eingliederung — nicht in die Gesellschaft des Aufnahmelandes, sondern zunächst in die „Einwanderergesellschaft" als Etappe auf dem langen Weg über jene äußere, ökonomisch-soziale Integration zur inneren, soziokulturellen und mentalen Assimilation im Aufnahmeland, wenn dieser Weg, was etwa bei der türkischen Auslandskultur in der Bundesrepublik durchaus offen ist, überhaupt zu diesem Ende führt.
66,2% der Ausländerbevölkerung hielten sich 1980 schon mehr als sechs Jahre, 37,8% sogar mehr als zehn Jahre in der Bundesrepublik auf, während die für ein Verbleiben im Bundesgebiet wichtigere Aufenthaltsdauer der in der Regel zuerst zugewanderten männlichen Familienangehörigen noch höher liegt: 1980 waren von ihnen 67,8% länger als sechs Jahre und 40,8% länger als zehn Jahre in der Bundesrepublik. Die Zahl der ‚Gastarbeiterkinder' im Alter bis zu 15 Jahren lag bei einer Ausländerzahl von insgesamt knapp 4,5 Mio. im Jahre 1980 bei knapp 1,1 Mio. Diese Zweite Generation — ob nun hier geboren oder von den Eltern nachgeholt — stellte mithin 1980 bereits fast ein Viertel (23,8%) der Ausländerbevölkerung; de facto lag dieser Anteil sogar höher, denn

auch ein Teil der 15- bis 20jährigen Ausländer (von denen 1980 26,9% länger als zehn Jahre, 50,4% länger als sechs Jahre im Lande waren) war entweder in der Bundesrepublik aufgewachsen oder in jugendlichem Alter von den Eltern nachgeholt worden. Je länger der Aufenthalt dauert, desto stärker tritt, wie eine Umfrage der BA schon 1973 bestätigte, die in aller Regel ursprünglich vorhandene Rückwanderungsabsicht zurück: „Von den Gastarbeitern, die bereits seit 11 Jahren in der Bundesrepublik verweilten, wollten bereits fast die Hälfte für dauernd in der BRD bleiben, von denen, die mehr als 15 Jahre hier arbeiteten und lebten, waren es 83%." Der ‚Anwerbestop' ließ seit 1973 den Anteil der Ausländer mit langen Aufenthaltszeiten ständig steigen. Entsprechend trat die Rückkehrabsicht zurück: Bei einer regionalen Repräsentativerhebung erklärten schon 1979 42% der befragten Ausländer, keine Rückkehrabsichten mehr zu haben, während ein etwa gleichgroßer Teil zumindest keine konkreten Rückkehrpläne hatte[63].
Zur schrittweisen Ausgliederung aus der herkömmlichen Welt und zum Zurücktreten der ursprünglichen Rückwanderungsabsicht tragen bei wachsender Aufenthaltsdauer vor allem zwei Entwicklungen bei: 1. die Problematisierung der Rückwanderungsabsicht angesichts der ‚mit neuen Augen' betrachteten Entwicklung im Herkunftsland und 2. die zunehmende Aufhebung der Gastarbeiterexistenz als instabiler Arbeiterexistenz ohne langfristige Perspektive durch die arbeits- und sozialrechtliche Verschränkung dieser Existenz mit dem Wirtschafts- und Sozialgefüge des Aufnahmelandes:
1. Der Traum vom Aufbau einer kleinbürgerlich-selbständigen Existenz im Herkunftsland wird fortschreitend desillusioniert, weil ihn zu viele träumen, so daß im Herkunftsland selbst die Startinvestitionen (z.B. Bodenpreise) und die Konkurrenz im Nahbereich steigen, und weil der Lebensstandard, der im Aufnahmeland zur Norm geworden ist, im Herkunftsland kaum zu halten ist. Diejenigen aber, die nicht eine solche kleinbürgerlich-selbständige Existenz aufbauen, sondern als angelernte Industriearbeiter im Herkunftsland bleiben wollen, was sie im Aufnahmeland geworden sind, lernen aus der Erfahrung vorausgegangener Rückwanderer, daß entsprechende Arbeitsplätze im Herkunftsland nur in geringem Umfang zur Verfügung stehen. Hinzu kommt, daß eine Rückwanderung nach langem Auslandsaufenthalt die Gastarbeiterfamilien häufig vor eine nachgerade klassische Zerreißprobe stellt, weil jene ‚Gastarbeiterkinder' der Zweiten Generation, die das Herkunftsland ihrer Eltern nur als ‚Touristen' kennen, dem Aufnahmeland mental wesentlich näher stehen als dem Herkunftsland der Ersten Generation.

Auch dies sind charakteristische Züge eines Einwanderungsprozesses, wie sie insbesondere aus der Geschichte der Neuen Einwanderung in den USA bekannt sind.

2. Mit der Aufenthaltsdauer aber wächst zugleich die arbeits- und sozialrechtliche Stabilisierung der Gastarbeiterexistenz gegen jenes arbeitsmarktpolitische, ausländerrechtliche und fremdenpolizeiliche Gesetzes- und Verordnungsgefüge mit seinen flexiblen Ermessensspielräumen, das die ausländische Erwerbsbevölkerung über die Handhabung von Arbeits- und Aufenthaltsgenehmigungen in den Grenzen der ihr zugedachten Ersatz- und Pufferfunktionen zu halten sucht: „So relativ unsicher der aufenthaltsrechtliche Status, über arbeits- und sozialrechtliche Gleichstellungen mit inländischen Arbeitern — die allerdings in der Praxis häufig durchlöchert sind — ergeben sich reale Verknüpfungen mit dem Gesellschaftssystem der Bundesrepublik: Die ausländischen Arbeiter und ihre Familien sind kranken-, renten- und arbeitslosenversichert, erhalten Zuschüsse zu Sparverträgen oder können Förderungen zur Aus- und Weiterbildung erhalten. Zu den wichtigsten politischen Rechten gehören die Möglichkeit, Vereine zu bilden, Versammlungen abzuhalten, Mitglied in Parteien und vor allem Gewerkschaften zu werden und dort Funktionen zu übernehmen, schließlich das aktive und passive Wahlrecht bei den Betriebsratswahlen.“ Mit wachsender Eingliederung in den festen Ausländerstamm von Großbetrieben verblaßt die Gastarbeiterexistenz auch im Arbeitsmilieu. Selbst die bei den verschämten Gastarbeitern der 60er Jahre bekannte vorsichtige Zurückhaltung bei Arbeitskämpfen einheimischer Arbeitnehmer (ausländische ‚Lohndrücker‘, ‚Streikbrecher‘) gilt nurmehr bedingt. Wie schon der vorwiegend von Gastarbeitern getragene und in ‚wilden Streiks‘ gipfelnde Lohnkampf bei Opel in Rüsselsheim 1973 zeigte, beginnen sich Gastarbeiter — zumindest in Betrieben, in denen sie in der Tat unersetzbar geworden sind — selbstbewußt und offensiv auf ihre Rechte zu besinnen[64].

Die Schärfe der arbeits- und aufenthaltsrechtlichen Bestimmungen gegenüber ausländischen Arbeitswanderern aber stumpft bei wachsender Aufenthaltsdauer ab, von Ausländern aus EG-Staaten ganz abgesehen, die ohnehin keine Einreise- und Arbeitserlaubnis und erst nach drei Monaten eine zunächst auf ein Jahr begrenzte Aufenthaltsgenehmigung benötigen, die nicht von der Arbeitsmarktlage abhängig ist. Die Ermessensspielräume im Arbeits- und Aufenthaltsrecht haben fortschreitend abgenommen. *Arbeitsrecht:* Eine zeitlich auf fünf Jahre begrenzte, ansonsten aber uneingeschränkte „besondere Arbeitserlaubnis“ wird ausländischen Arbeitnehmern erteilt, die in der Bundesrepublik „in den letzten fünf Jahren ununterbrochen rechtmäßig eine unselbständige Tätigkeit ausgeübt“ haben (§ 2, Abs. 1, Arbeitsförderungsgesetz). Stehen sie bereits seit acht Jahren rechtmäßig in Arbeit, dann wird ihnen seit Oktober 1978 sogar eine unbefristete Arbeitserlaubnis erteilt (§ 4, Abs. 2, Arbeitserlaubnisverordnung). *Aufenthaltsrecht:* Nach fünfjährigem rechtmäßigem Aufenthalt erhält ein ausländischer Arbeitnehmer, der jene „besondere Arbeitserlaubnis“, Grundkenntnisse der deutschen Sprache sowie eine angemessene Wohnung nachweisen kann und seine Kinder der gesetzlichen Schulpflicht unterstellt, in der Regel eine unbefristete Aufenthaltserlaubnis. „Hat sich der Arbeitnehmer acht Jahre lang rechtmäßig in der Bundesrepublik Deutschland aufgehalten, so erhält er nunmehr in der Regel sogar eine Aufenthaltsberechtigung, sofern er sich in das wirtschaftliche und soziale Leben in der Bundesrepublik eingefügt hat und insbesondere über ausreichende Deutschkenntnisse verfügt.“ Aus der befristeten ist eine unbefristete Arbeitserlaubnis, aus der befristeten eine unbefristete Aufenthaltserlaubnis, aus dieser wiederum eine Aufenthaltsberechtigung geworden. Dabei wirkt sich der 1973 verordnete ‚Anwerbestop‘ im Blick auf die Pufferfunktion der ausländischen Arbeitskräfte auf dem Arbeitsmarkt in der Bundesrepublik tendenziell selbst entgegen. Er hat zwar zunächst wesentlich dazu beigetragen, die Gesamtzahl der ausländischen Erwerbsbevölkerung (im Gegensatz zur ausländischen Wohnbevölkerung) zu senken; er hat aber zugleich die transnationale ‚Rotation‘ von ausländischen Arbeitskräften und damit auch die Zahl von arbeits- und sozialrechtlich weniger gesicherten Gastarbeitern mit kurz- bis mittelfristigen Arbeits- und Aufenthaltsgenehmigungen immer weiter begrenzt, das heißt die Zahl derjenigen, deren instabile Existenz den ihnen zugedachten Pufferfunktionen entspricht: „Fast alle in der Bundesrepublik verbliebenen Gastarbeiter besitzen inzwischen die Voraussetzungen für eine ‚besondere Arbeitserlaubnis‘. Sie verfügen damit über einen juristischen Anker für ihren Verbleib.“[65]

Weil seit dem ‚Anwerbestop‘ die Aufenthaltszeit der meisten Gastarbeiter immer länger und damit ihr arbeits- und aufenthaltsrechtlicher Status immer sicherer geworden ist, wurden dem erwähnten „Export von Arbeitslosen“ aus der Bundesrepublik durch die Bundesrepublik selbst immer engere Grenzen gesetzt; die neuerdings stark diskutierte finanzielle Stimulierung der ‚Rückkehrbereitschaft‘ dürfte aus den genannten Gründen in ihrer Wirkungskraft ebenfalls eher begrenzt sein. All dies aber bedeutet, zusammen mit dem bislang Erarbeiteten, zweierlei: 1.

die Ersatzfunktionen der ausländischen Erwerbsbevölkerung wirken langfristig weiter, aber ihre konjunkturelle Pufferfunktion im Wechsel von Aufschwung und Krise wirkt, jedenfalls in der Krise, heute nurmehr bedingt; 2. aus den ausländischen Arbeitswanderern und deren Familien ist eine Gastarbeiterbevölkerung geworden, die nach ihrer sozialen Lage zu einem Großteil objektiv als Einwandererminorität zu verstehen ist und sich subjektiv weithin auch als solche versteht.
Daß die Gastarbeiterbevölkerung sich in der Bundesrepublik zum Teil in einer echten Einwanderungssituation befindet, bedeutet indes nicht, daß sich die Bundesrepublik selbst als Einwanderungsland verstünde. Sie könnte es ohnehin nur in eingeschränktem und nicht etwa im Sinne jener klassischen Einwanderungsländer, deren Gesellschaften erst durch die Verschmelzung von Einwanderergruppen selbst entstanden sind, wie z. B. die Vereinigten Staaten. Über das ‚Einwanderungsland Bundesrepublik' sprechen, heißt deshalb in diesem eingeschränkten Sinne dreierlei: 1. zur Kenntnis nehmen, daß in der Statistik des transnationalen Wanderungsgeschehens die Zuwanderung in die Bundesrepublik die Auswanderung aus der Bundesrepublik weit übersteigt; 2. anerkennen, daß sich ein Großteil der zugewanderten Ausländerbevölkerung de facto in einer echten Einwanderungssituation befindet; 3. fragen, ob und in welchen Grenzen die Bundesrepublik ökonomisch genötigt, rechtlich bereit und gesellschaftlich imstande ist, ausländische Zuwanderergruppen auf längere Zeit sozial zu integrieren oder Einwanderergruppen auf Dauer aufzunehmen bzw. einzubürgern. Über das ‚Einwanderungsland Bundesrepublik' sprechen, heißt mithin auch, sich der ‚Gretchenfrage' stellen, ob und inwieweit die im faktischen Wandel von der ‚Gastarbeiterfrage' zur ‚Einwanderungsfrage' im fließenden Grenzfeld zwischen Arbeitswanderung und Einwanderung aufgeworfenen Probleme durch Ausländerrecht und Ausländerpolitik zu bewältigen sind und wie es um die Haltung der Bürger und der Träger politischer Verantwortung in der Bundesrepublik zu dieser Frage steht.

5. Improvisierte Integration oder ‚Einwanderungsland Bundesrepublik'? Probleme und Perspektiven

Die Zukunft richtet über die Prognosen der Gegenwart, die Gegenwart über diejenigen der Vergangenheit. Viele historische Bevölkerungs- und Arbeitsmarktprognosen sind heute überholt. Zu denen, die sich erfüllten, gehört die von K. C. Thalheim, der in seinen Überlegungen über „gegenwärtige und zukünftige Strukturwandlungen in der Wanderungswirtschaft der Welt" 1930 voraussagte, daß auf weite Sicht bei den industriegesellschaftlich hochentwickelten „Völkern des abendländischen Zivilisationskreises [. . .], bei denen das Wachstum der Volkszahl mit der wirtschaftlichen Entwicklung nicht Schritt hält, die frühere überseeische Auswanderung durch eine interkontinentale Einwanderung" aus den industriewirtschaftlich weniger entwickelten Ländern Europas abgelöst werden dürfte[66]. Das ist heute der Fall: Zur Zeit der dritten deutschen Auswanderungswelle 1880–1893 kamen die stärksten, in die Neue Welt abströmenden deutschen Auswanderungskontingente aus den auf dem deutschen Weg von der Agrar- zur Industriegesellschaft in Sozial- und Arbeitsverfassung weit zurückliegenden ländlichen Gebieten Nordostdeutschlands. Das internationale Industrialisierungsgefälle und die unterschiedlichen Entwicklungsstufen auf dem Weg zur modernen Industriegesellschaft bestimmen auch heute die wichtigsten Sog- und Schubkräfte im internationalen Wanderungsgeschehen. Solange es dieses internationale Entwicklungsgefälle gibt, wird der Zuwanderungsdruck anhalten. Ein Ende dieser Entwicklung ist nicht in Sicht.

Im Sinne von Thalheims Prognose aber haben sich im Verlauf eines Jahrhunderts für Deutschland im internationalen Wanderungsgeschehen die Bewegungen und die damit verbundenen Probleme umgekehrt: 1880 begann jene dritte, letzte und stärkste Welle der überseeischen Massenauswanderung des 19. Jahrhunderts, in der in knapp anderthalb Jahrzehnten rund 1,8 Mio. Deutsche auswanderten, zumeist in die USA. Ein Jahrhundert später hat die Bundesrepublik als Einwanderungsland wider Willen mit Problemen zu tun, mit denen die Vereinigten Staaten seinerzeit u. a. auch im Blick auf die Einwanderung aus Deutschland zu schaffen hatten, mit einem gravierenden Unterschied:

Die Bundesrepublik ist nicht zureichend darauf vorbereitet. Zu lange wurde die Ausländerbeschäftigung einseitig als kurz- bis mittelfristiges arbeitsmarktpolitisches Problem betrachtet. Zu spät wurden die langfristigen sozialen Folgeprobleme der ‚Gastarbeiterfrage' als weit über den Bereich der Arbeitsmarktpolitik hinausgreifende Gestaltungsaufgabe erkannt. In einem lange anhaltenden Prozeß defensiver Erkenntnisverweigerung glaubte die Bundesrepublik, ausländische Arbeitskräfte und Arbeiterfamilien nachgerade unbegrenzt aufnehmen, sich schließlich mit einem ‚Anwerbestop' nach außen, Integrationsangeboten im Innern begnügen und den wachsenden Problemdruck der ‚Gastarbeiterfrage' im übrigen mit der Erklärung bannen zu können, sie sei „kein Einwanderungsland". Die ‚Gastarbeiterimmigration' aber setzte transnationale Sozialprozesse in Gang, deren Eigendynamik und Folgeerscheinungen durch ein Dementi nicht zu bändigen waren. Heute stehen wir vor den Folgen einer in Arbeitsmarkt- und Wanderungsgeschehen weitgehend unbewältigten jüngsten Vergangenheit als sozialökonomischer und politischer Zusatzbelastung in der Krisenzeit der Gegenwart und nächsten Zukunft. Von der uneingeschränkten Arbeitskräfteanwerbung in den 60er Jahren bis hin zur Konfrontation mit der Gastarbeiterbevölkerung als Einwandererminorität verdichtete sich die ‚Gastarbeiterfrage' weithin zur echten Einwanderungsfrage. Bei alledem geriet die Geschichte der ‚Ausländerpolitik' in der Bundesrepublik zum Weg von einem breiten Konsens zu einem tiefgestaffelten Konflikt.

5.1. Grundlinien der Ausländerpolitik: vom Konsens zum Konflikt

Am Anfang hatte Mitte der 50er Jahre jener allseitige Grundkonsens gestanden, von dem der erste Anwerbevertrag mit Italien (20.12.1955) und die ihm folgenden Vereinbarungen mit anderen ‚Anwerbeländern' getragen worden waren: Bei anhaltendem Wirtschaftswachstum schien die Erschöpfung des einheimischen Arbeitskräfteangebots absehbar zu werden. Die Bundesregierung suchte dem von der Arbeitgeberseite damit begründeten Interesse an der Anwerbung ausländischer Arbeitskräfte ebenso zu entsprechen wie der gewerkschaftlichen Forderung nach einer tariflichen und sozialrechtlichen Gleichstellung der Ausländer, die ihren Einsatz als ‚Lohndrücker' verhindern sollte. Bundesregierung, BA, Arbeitgeberverband und Gewerkschaften betrachteten die Ausländerbeschäftigung als mittelfristig notwendige Übergangserscheinung.

Das vom Bundesverband deutscher Arbeitgeber vorgeschlagene ‚Rotationsprinzip' das die ausländische Einsatzreserve mobil und disponibel halten sollte, fand aus betriebswirtschaftlichen Gründen — wegen der anhaltenden Einarbeitungskosten — keine Zustimmung bei den einzelnen Arbeitgebern. Viele bevorzugten statt dessen sogar die schrittweise Einbindung eines festen Ausländerstammes in die Belegschaft durch jene direkte ‚namentliche Anwerbung', bei der durch Vermittlung schon beschäftigter ausländischer Arbeitskräfte Landsleute nachgezogen wurden, um die Sprachbarrieren im Betrieb niedrigzuhalten, Einarbeitung und Eingewöhnung zu erleichtern. Dort, wo in der Tat jährlich neue ausländische Arbeitskräfte angeworben wurden, handelte es sich nicht selten um Betriebe, die unqualifizierte Arbeitskräfte rasch anzulernen vermochten und wegen niedriger Lohnangebote bzw. wenig attraktiver Arbeitsbedingungen geradezu auf diese neuangeworbenen ausländischen Arbeitskräfte angewiesen waren, die in ihrem ersten Jahr an den Betrieb gebunden blieben.
In die einzelnen Anwerbeverträge eingebaute Klauseln, die den Vorrang deutscher Arbeitskräfte gegenüber ausländischen sicherten, ermöglichten 1973 den Versuch einer ‚Konsolidierung' der Ausländerbeschäftigung durch den ‚Anwerbestop' außerhalb des EG-Bereichs, dessen Wirkung aus den genannten Gründen jedoch begrenzt blieb. Die Politik einer Arbeitsmarktentlastung durch Abbau der Ausländerbeschäftigung erreichte Ende 1977/Anfang 1978 ihre Grenze: Von September 1973 bis September 1978 ging die unselbständig beschäftigte ausländische Erwerbsbevölkerung um 22,7% (597 300) zurück — im Gegensatz zur ausländischen Wohnbevölkerung, die aus den erwähnten Gründen nur um 3,5% (146 000) schrumpfte. Bei zunehmendem Familiennachzug und abnehmender Rückwanderung wuchs seither, trotz ‚Anwerbestop', nicht nur die ausländische Wohnbevölkerung, sondern auch die Erwerbsbevölkerung aufs neue an: 1978/79 um 2,4%, 1979/80 um 7,6%. Das arbeitsmarktpolitische Steuerungsinstrumentarium griff nicht mehr, zumal Arbeitsmarktpolitik, Arbeits- und Aufenthaltsrecht sich tendenziell entgegenwirkten. Die Bundesrepublik war zum Einwanderungsland wider Willen geworden. In dem Maße, in dem diese Entwicklung in den 70er Jahren ins Blickfeld geriet und den Problemdruck erhöhte, bröckelte der Grundkonsens ab, legten sich Fronten quer durch die verschiedenen mit Fragen der Ausländerbeschäftigung befaßten Gruppen.
Bis 1973 blieb die Ausländerbeschäftigung in Umfang, wirtschaftlicher und regionaler Verteilung unter staatlicher Vermittlung letztlich abhän-

gig von den betriebswirtschaftlichen Dispositionen der einzelnen Arbeitgeber. Während auch der ‚Anwerbestop‘ von 1973 noch eine fast ausschließlich arbeitsmarktpolitische Entscheidung war, hob das von der Bundesregierung im Juni 1973 vorgelegte Aktionsprogramm zur Ausländerbeschäftigung neben der Arbeitsmarktlage erstmals auch stärker auf die Berücksichtigung der in einzelnen Stadtregionen mit hohem Ausländeranteil bereits deutlich erkennbaren Belastungsgrenzen der sozialen Infrastruktur ab, von deren Aufnahmefähigkeit die weitere Ausländerzulassung in solche Distrikte nunmehr abhängig gemacht werden sollte: Für die mit Hilfe des Ausländerrechts durchzusetzenden lokalen Zuzugssperren (‚Sperrvermerke‘ in der Aufenthalts- und Arbeitserlaubnis) wurde als allgemeine Belastungsgrenze der sozialen Infrastruktur ein Ausländeranteil von 12% in Kreisen bzw. kreisfreien Städten festgelegt. Dabei wurde eingeräumt, daß es im Einzelfall auch unterhalb dieser Grenze zu Überlastungserscheinungen kommen könne, die solche Zuzugssperren rechtfertigten. Das Steuerungskonzept zur Beschränkung der Ausländerkonzentration erwies sich aus einer Vielzahl von Gründen als unpraktikabel und wurde ab 1. April 1977 wieder aufgehoben.

Das Grundproblem der Konzeption von 1973 aber lag darin, daß einerseits jede Form des Rückkehrzwanges (‚Zwangsrotation‘) abgelehnt bleiben und der unsichere aufenthaltsrechtliche Status von Ausländern mit längerer Verweildauer sogar gefestigt werden sollte, während andererseits festgeschrieben wurde, daß die Bundesrepublik „kein Einwanderungsland“ sei. Absicht und Ergebnis traten zusehends auseinander. Von Jahr zu Jahr wurde deutlicher, daß die 1973 eingeleiteten Konsolidierungsmaßnahmen zwar kurzfristig die Ausländerbeschäftigung reduzierten, nicht aber ihre langfristigen sozialen Folgeprobleme, deren Diskussion den Dissens zwischen den mit der Ausländerarbeit befaßten Institutionen, Organisationen und Gruppen ständig weiter vertiefte. Das wurde erstmals in ganzer Reichweite deutlich, als Ende 1975, Anfang 1976 die Thesen zu einer „sozial verantwortlichen Konsolidierung der Ausländerbeschäftigung“ eines 1975 unter Leitung des Bundeskanzleramtes eingesetzten interministeriellen Ausschusses in die Presse gelangten. Sie ließen tiefgreifende Meinungsdifferenzen erkennen und lösten um so heftigere öffentliche Diskussionen aus. Während im Ausschuß etwa Konsens über die Aufrechterhaltung der generellen Beschränkungsmaßnahmen und die Ablehnung von ‚Rückkehrprämien‘ für ausländische Arbeitnehmer bestand, herrschte Dissens z.B. über die 1973 abgelehnte ‚Zwangsrotation‘, über die Gestaltung des Familiennachzugs in die gesperrten Verdichtungsgebiete und über die 1973 konzipierte schrittweise Verfestigung des aufenthaltsrechtlichen Status für Ausländer mit längerem Arbeitsaufenthalt[67].

Auf Antrag der Länderarbeitsminister wurde 1976 eine bis zum Frühjahr 1977 beratende Bund-Länder-Kommission eingesetzt, die eine umfassende Konzeption zur Steuerung der Ausländerbeschäftigung und zur Bewältigung ihrer sozialen Folgeprobleme entwickeln sollte. Die „Grundpositionen", die die Kommission ihren Vorschlägen voranstellte, bildeten, schrieb P. Siewert, „offenbar den zwischen den auseinanderstrebenden Auffassungen gerade noch erzielbaren und notwendigen Kompromiß, dem dann mit der Verabschiedung und Bestätigung des Empfehlungskatalogs durch den beim Bundesministerium für Arbeit und Sozialordnung bestehenden Koordinierungskreis ‚Ausländische Arbeitnehmer' und die Arbeits-, Innen- und Ministerpräsidentenkonferenzen der Länder alle wichtigen Organisationen und Stellen ihre Unterstützung zusichern konnten". Im Zentrum dieser ebenfalls noch stark arbeitsmarktpolitisch ausgerichteten Konzeption stand einerseits die weitere restriktive Konsolidierung der Ausländerbeschäftigung durch Aufrechterhaltung von ‚Anwerbestop', Förderung von Rückkehrbereitschaft und Rückkehrmöglichkeit und andererseits das Angebot einer sozialen Integration auf Zeit für die schon länger in der Bundesrepublik lebenden ausländischen Arbeitnehmer und ihre Familien. Während Kirchen und Wohlfahrtsorganisationen beharrlich auf die Gefahren hinwiesen, die sich aus einer „Politik des Nichteingeständnisses einer Einwanderungssituation" ergeben könnten, hielt die Bundesregierung an der Vorstellung fest, daß die Bundesrepublik „kein Einwanderungsland" sei. „An diesem Widerspruch", warnte U. Mehrländer 1978, „kranken alle Maßnahmen, die inzwischen zum Abbau der sozialen Probleme der Ausländer und zu ihrer sozialen Integration in die deutsche Gesellschaft ergriffen worden sind."[68]

Ende 1978 wurde mit dem früheren Ministerpräsidenten Nordrhein-Westfalens, Heinz Kühn (SPD), der erste Beauftragte der Bundesregierung für die Integration der ausländischen Arbeitnehmer und ihrer Familienangehörigen berufen. Sein im September 1979 vorgelegtes Memorandum *Stand und Weiterentwicklung der Integration der ausländischen Arbeitnehmer und ihrer Familien in der Bundesrepublik Deutschland* erregte außerordentliches Aufsehen: Es hielt zwar am ‚Anwerbestop' und seinen flankierenden Konsolidierungsmaßnahmen fest, entwickelte aber im Blick auf die schon in der Bundesrepublik lebende Ausländerbevölkerung Perspektiven für ein neues Integrationskonzept, das wesentlich über die von der Bund-Länder-Kommission fortentwickelte

Konzeption einer Eingliederung auf Zeit hinausging in Richtung auf eine Einwanderungspolitik: Die „künftige Politik gegenüber den heute in der Bundesrepublik lebenden ausländischen Arbeitnehmern und ihren Familien" müsse davon ausgehen, „daß hier eine nicht mehr umkehrbare Entwicklung eingetreten ist, und die Mehrzahl der Betroffenen nicht mehr ‚Gastarbeiter', sondern Einwanderer sind, für die eine Rückkehr in ihre Herkunftsländer aus den verschiedensten Gründen nicht in Betracht kommt". Das gelte besonders für die in der Bundesrepublik geborene und aufgewachsene bzw. im Kindesalter eingereiste junge Generation. „Die unvermeidliche Anerkennung der faktischen Einwanderungssituation macht eine Abkehr von den Konzeptionen der Integration ‚auf Zeit' erforderlich. An ihre Stelle muß ein Maßnahmenbündel treten, das den Bleibewilligen die Chance zu einer vorbehaltlosen und dauerhaften Eingliederung eröffnet." Das umstrittene Memorandum enthielt zahlreiche Integrationsvorschläge, bis hin zum Optionsrecht auf Einbürgerung für in der Bundesrepublik geborene und aufgewachsene Jugendliche und zum kommunalen Wahlrecht für Ausländer mit langem Inlandaufenthalt, vor allem aber Anregungen für eine Integration der jungen Ausländergeneration im Bereich von Vorschule, Schule und Berufsausbildung. Zündfunken für die schärfer werdende ‚Ausländerdiskussion' in der Öffentlichkeit waren die in dieser Diskussion häufig polemisch verzerrten Problemfelder des Optionsrechts und des kommunalen Wahlrechts: Die Rede ging von der Einbürgerung per Postkarte, vom türkischen Bürgermeister in der deutschen Stadt und vom Import kommunistischer und faschistischer Strömungen in den kommunalen Wahlkampf.

Das Memorandum aber traf sich in vielen Bereichen mit den im März 1979 vom Gesprächskreis „Bildungsplanung" (Bundesministerium für Bildung und Wissenschaft) vorgelegten *Vorschlägen für die Eingliederung ausländischer Kinder und Jugendlicher in das deutsche Bildungs- und Ausbildungssystem* und mit den im November des gleichen Jahres vom Koordinierungskreis „Ausländische Arbeitnehmer" (Bundesministerium für Arbeit und Sozialordnung) verabschiedeten *Vorschlägen zur Integration der Zweiten Ausländergeneration.* Auch hier wurde davon ausgegangen, daß ein Großteil dieser Zweiten Generation in der Bundesrepublik bleiben werde. Zurückhaltender blieb demgegenüber das von der Bundesregierung im März 1980 beschlossene, auf diesen drei Integrationskonzepten und auf den Beschlüssen der Bund-Länder-Kommission aufbauende Programm zur *Weiterentwicklung der Ausländerpolitik:* Deutlich abgestuft, sprach es allgemein wieder von sozialer

Integration (Eingliederung auf Zeit), „voller Integration“ im vorschulischen, schulischen und beruflichen Bildungs- und Ausbildungswesen sowie von „angemessener Eingliederung“ ins Berufsleben. Es war zwar auch die Rede von einer „Erleichterung der Einbürgerung“, bei der aber einerseits in vorsichtig tastender Formulierung davon ausgegangen wurde, daß „der Aufenthalt in der Bundesrepublik und die Integration in unser gesellschaftliches Leben im Einzelfall in die Einwanderung münden“ könnten, während andererseits an eine „entwicklungspolitische Förderung der beruflichen Reintegration und der Investitionen ausländischer Arbeitnehmer in ihren Herkunftsländern“ gedacht wurde. Die Wege der ‚Ausländerpolitik' in der Bundesrepublik faßte P. Siewert in seiner Bestandsaufnahme Ende 1980 dahin zusammen, „daß es mit dem Anwerbestop und flankierenden Maßnahmen zumindest bis jetzt gelang, einer quantitativen Ausweitung des Gesamtkomplexes Ausländer und speziell ‚Gastarbeiter' zu wehren und den Arbeitsmarkt zu entlasten. Keine Erfolge ließen sich hingegen bei den mit der Ausländerbeschäftigung ‚importierten' Folgeproblemen erzielen. Vielmehr gewannen sie zunehmend dadurch an Schärfe, daß Familienzusammenführung und hohe Geburtenüberschüsse zu tiefgreifenden Strukturveränderungen innerhalb einer zahlenmäßig nahezu unveränderten Ausländerpopulation führten, die für die Zukunft selbst im Beschäftigungsbereich neue Belastungen erwarten lassen. Die primär einer arbeitsmarktorientierten Grundhaltung verhaftete Ausländerpolitik war bisher außerstande, die sozial- und gesellschaftspolitische Herausforderung und Aufgabe, zu der sich die Gastarbeiterfrage als ohnehin schon nicht mehr nur arbeitsmarktpolitische Größe inzwischen endgültig wandelte, angemessen aufzunehmen und zu bewältigen“[69].

Seither hat sich der Problemdruck außerordentlich verschärft: Das gilt 1. für die Wirtschafts- und Bevölkerungsentwicklung und die damit verbundenen Probleme auf dem Arbeitsmarkt, 2. für die um soziale Integration, um Assimilation und Einbürgerung entbrannte Diskussion, 3. für das Anwachsen von ‚ausländerfeindlichen' Abwehrhaltungen in der Bundesrepublik und 4. für den von alledem belasteten politischen Entscheidungsprozeß in der Spannung zwischen ‚Ausländerpolitik' und Einwanderungspolitik.

5.2. Ökonomische Probleme: Gegenwart und Zukunft auf dem Arbeitsmarkt

Im Mittelpunkt der prospektiven arbeitsmarktpolitischen Diskussion

steht die Frage nach der künftigen Entwicklung des Wachstums von Bevölkerung und Erwerbsangebot. Dabei sind eine langfristige und eine mittelfristige Perspektive zu unterscheiden.
Langfristig nimmt in der einheimischen Bevölkerung der Bundesrepublik, wie die erwähnten Prognosen zeigen, das natürliche Bevölkerungswachstum und damit auch das Arbeitskräfteangebot ab. 1963 wurde der Gipfel des Geburtenzuwachses (‚starke Jahrgänge') überschritten, die Geburtenkurve fiel ab (‚Pillenknick'). Schon 1972, ein Jahr vor dem ‚Anwerbestop', lag in der einheimischen Bevölkerung die Zahl der Geburten um rund 110 000 unter derjenigen der Todesfälle. Ab 1990 wird der Geburtenrückgang auf den Arbeitsmarkt durchschlagen. Geburten- und Arbeitskräftezuwachs der Ausländerbevölkerung in der Bundesrepublik wirken langfristig diesem Trend entgegen, so daß die Gastarbeiterbevölkerung schon aus demographischen Gründen auch langfristig als ökonomisch nötige Einwandererminorität verstanden werden kann. Das gilt auch im Blick auf langfristige Entwicklungstendenzen der Angebotsstruktur auf dem Arbeitsmarkt: In einer Prognose der Entwicklung von Wirtschaft, Wirtschaftswachstum und Arbeitskräftebedarf in der Bundesrepublik kam der Leiter des Bereichs ‚Mittel- und langfristige Vorausschau' im IAB, W. Klauder, 1977 zu dem Ergebnis, daß sich die Bundesrepublik auf weite Sicht „zu einer wettbewerbsgerechten forschungs- und entwicklungsintensiven Wirtschaft mit hohem Dienstleistungsanteil hinbewegen" dürfte. Da eine solche Wirtschaftsstruktur relativ arbeitsintensiv sei, bedeute dies, daß für die Aufrechterhaltung eines bestimmten Wachstumstempos langfristig tendenziell mehr Arbeitskräfte benötigt würden. Angesichts der langfristig drohenden Arbeitskräftelücke sei, so faßte Heckmann die Folgerungen Klauders zusammen, die in der Bundesrepublik lebende Gastarbeiterbevölkerung „dauerhaft zu integrieren"[70]. Solche Prognosen und Perspektiven freilich bleiben unsicher, weil sie von der Entwicklung des Wirtschaftswachstums abhängig sind, das, im Gegensatz zur Bevölkerungsentwicklung, schon kurz- bis mittelfristig schwer und auf weite Sicht im Grunde gar nicht voraussagbar ist.
Der langfristigen Perspektive aber liegt in der Arbeitsmarktentwicklung eine mittelfristige Trendwende quer. Heckmann: „Bis etwa 1990 werden 1 Mio. mehr Deutsche ins Erwerbsleben treten als gleichzeitig ausscheiden. Geburtenstarke Jahrgänge werden erwerbsfähig, während zugleich die durch den Zweiten Weltkrieg stark verringerten Jahrgänge die Altersgrenze erreichen." Klauder: „Auf der Angebotsseite des Arbeitsmarktes vollzieht sich damit zur Zeit ein grundlegender Tendenz-

wandel im Vergleich zu den letzten 15 Jahren, in denen das Angebot an deutschen Erwerbspersonen um rund 2 Mio. Personen zurückging und zum Ausgleich dieses Rückgangs Ausländer ins Land geholt worden waren." Dieser mittelfristige Gegentrend in der Entwicklung von Bevölkerungs- und Erwerbsstruktur aber wird noch vor der Jahrhundertwende von den langfristigen Entwicklungstendenzen der natürlichen Bevölkerungsbewegung ausgeglichen und in der weiteren Folge wieder umgekehrt werden. Weil sich der gegenwärtige Geburtenrückgang ab 1990 auf den Arbeitsmarkt auswirken und das einheimische Arbeitskräfteangebot schon im Jahre 2000 wieder auf den Stand des Jahres 1975 gesenkt haben dürfte, kann Heckmann folgern: „Trotz des voraussehbaren mittelfristigen Anstiegs des einheimischen Arbeitskräfteangebots ist also mittel- und langfristig mit einer Kontinuität der Gastarbeiterbeschäftigung zu rechnen."[71] Im Blick auf den mittelfristigen Gegentrend in der Entwicklung von Bevölkerungs- und Erwerbsstruktur und auf die dadurch bestimmte aktuelle Problemlage der ,Gastarbeiterfrage' erscheinen mithin Gegenwart und nächste Zukunft als Ausnahme, jüngste Vergangenheit und weitere Zukunft als Regel.
Im Zentrum der aktuellen Diskussion aber steht das Problem der Massenarbeitslosigkeit. Im Frühjahr 1982 charakterisierte der Präsident der BA, Josef Stingl, die Lage auf dem Arbeitsmarkt als „nach wie vor katastrophal". Die Gesamtzahl der Arbeitslosen war, trotz saisonbedingter Verbesserung, nur auf 1,8 Mio. gesunken, diejenige der arbeitslosen Ausländer im Vergleich zum Vorjahr um 57% gestiegen. Für rund eine Viertelmillion ausländischer Arbeitnehmer gab es zu dieser Zeit keine Beschäftigungsmöglichkeit. Einst zur Mehrung des deutschen Sozialprodukts und zum Ausgleich der Angebot-Nachfrage-Spannung auf dem Arbeitsmarkt angeworben, verursachen ausländische Arbeitnehmer heute enorme Kosten, wenn sie arbeitslos im Lande bleiben, weil sie ihren aufenthaltsrechtlichen Status nicht durch zeitweise Rückwanderung gefährden wollen oder aber im Herkunftsland keine Beschäftigung finden können, deren Lohn über den deutschen Sozialhilfesätzen läge. Dazu gehören jährlich Unterstützungszahlungen sowie Einnahmeverluste des Fiskus und der Sozialversicherungen in Milliardenhöhe, während zusätzliche Ausgaben – z. B. für die Schulausbildung der Zweiten bzw. schon Dritten Generation – ständig steigen: In Bayern etwa war die Zahl der ausländischen Grund- und Hauptschüler im Frühjahr 1982 im Vergleich zum Vorjahr um 7,5% auf 68838 gewachsen. Den weitaus größten Teil stellten mit 61% türkische Kinder. Auch von der Arbeitslosigkeit sind türkische Arbeitnehmer am härtesten betroffen: Um

die Jahreswende 1981/82 stellten sie fast 40 % der arbeitslosen ausländischen Erwerbsbevölkerung. 60 von 100 (Familienangehörige und echte Arbeitslose) lebten vom Einkommen der restlichen 40 oder von staatlicher Sozialhilfe. Daß von den in der Bundesrepublik lebenden Türken ohnehin nur ein Drittel arbeitet, kann nicht wundernehmen; denn mehr als die Hälfte aller ausländischen Zuwanderer kam in den letzten Jahren aus der Türkei, unter ihnen vorwiegend Frauen und Kinder. Auf dem Arbeitsmarkt scheine „eine Toleranzgrenze erreicht", warnte unlängst H. Schueler, deren Überschreitung die ohnehin gefährlich ambivalente „Nutzungsmentalität" der deutschen gegenüber den ausländischen Arbeitnehmern in „Fremdenhaß" umschlagen zu lassen drohe: „Der Stimmungsumschwung ist rational kaum zu erklären, es sei denn mit der Tatsache, daß inzwischen Deutsche mit Ausländern um Arbeitsplätze konkurrieren, die den Einheimischen noch vor wenigen Jahren nicht gut genug waren", während deutsche Gewerkschaftsvertreter, die einst um die Gleichstellung ausländischer mit inländischen Arbeitskräften kämpften, heute in den Betriebsräten mit ausländischen Arbeitnehmervertretern in Konflikt geraten, wenn die Frage ansteht, ob ein deutscher oder ein ausländischer Arbeiter entlassen werden soll[72]. Das gilt vor allem in jenen unqualifizierten Bereichen der un- und angelernten Arbeiten, in denen es von Anbeginn an eine latente Konkurrenzsituation zwischen einheimischen und ausländischen Arbeitskräften gab.
Mit Konkurrenzerscheinungen auf der internationalisierten unteren Ebene des doppelten Arbeitsmarktes aber wachsen – nicht nur in der Bundesrepublik – soziale Aggressivität und jene teils ökonomisch begründete, teils nur so verkleidete und in trüben Dunkelzonen wurzelnde ‚Ausländerfeindlichkeit', für die es im Blick auf die davon am meisten betroffene nationale Gruppe innerhalb der Ausländerbevölkerung in der Bundesrepublik bereits eine neudeutsche Wortschöpfung gibt: ‚Türkenfeindlichkeit'. Die Betroffenen reagieren vorerst defensiv, durch verstärkten Rückzug ins Milieu der ausländischen Siedlungskolonien oder durch Flucht aus dem Aufnahmeland: Nach türkischen Pressemeldungen vom April 1982 registrierten die türkischen Grenzbehörden in den voraufgegangenen Monaten täglich etwa 20 türkische Familien, die endgültig zurückkehrten. „Arbeitslosigkeit und wachsende Türkenfeindlichkeit" seien die bestimmenden Ursachen. Befragte gaben an, sie seien „von den Deutschen immer schlechter behandelt und wie Aussätzige diskriminiert worden". Deutsche Arbeitgeber bevorzugten bei Neueinstellungen Arbeitskräfte aus anderen Ländern, z. B. Polen, die

„billiger“ seien, weil sie nicht, wie viele Türken, schon lange in der Bundesrepublik arbeiteten und als Fachkräfte bezahlt werden müßten[73].

5.3. Soziale Spannungen: Integration oder Segregation?

Der „Stimmungsumschwung“ gegenüber der Ausländerbevölkerung in der Bundesrepublik indes hat nicht nur ökonomische, sondern auch soziale Hintergründe und staut in der Aufnahmegesellschaft ein gefährlich emotionalisiertes und ideologisiertes Aggressionspotential auf, das sich zunehmend in Begriffen aus dem ‚Wörterbuch des Unmenschen‘ artikuliert[74]. Betroffen ist innerhalb der Ausländerbevölkerung abermals vor allem der türkische Bevölkerungsanteil. Nach von der Bundesregierung in Auftrag gegebenen Hochrechnungen würde, wenn es bei der in den letzten Jahren gültigen Regelung des Familiennachzuges bliebe, die Ausländerbevölkerung in der Bundesrepublik bis zur Jahrhundertwende um 2,4 Mio. auf 7 Mio. anwachsen. Bis Ende 1981 schon war sie, trotz ‚Anwerbestop‘, innerhalb von drei Jahren um rund 650 000 auf über 4,6 Mio. angewachsen. Den stärksten Zuwachs hatte die türkische Bevölkerung zu verzeichnen, die zu dieser Zeit mit rund 1,4 Mio. die größte unter den nationalen Gruppen in der Bundesrepublik war. Obgleich sie innerhalb der Ausländerbevölkerung den höchsten Erwerbslosenanteil hatte, war sie die einzige Gruppe, die trotz des ‚Anwerbestops‘ stetig zunahm, und zwar auf zwei Schienen: 1. zogen die türkischen Gastarbeiter der Ersten Generation ihre Familienangehörigen nach; rund eine Dreiviertelmillion von Angehörigen, die Ende 1981 noch in der Türkei lebten, hatte nach geltendem Recht Anspruch auf Aufenthalt in der Bundesrepublik; 2. hatten die Angehörigen der Zweiten Generation bei Eheschließung mit einem türkischen Partner das Recht, mit ihm in der Bundesrepublik zu leben; jährlicher Zustrom: rund 30 000 Menschen. Inzwischen wächst, der hohen türkischen Geburtenraten wegen ebenfalls am stärksten, die Dritte Generation heran. Während die Türken insgesamt erst ein Drittel der Ausländerbevölkerung in der Bundesrepublik stellen, ist von den Ausländerkindern unter sechs Jahren schon mehr als die Hälfte türkisch. „Das Ausländerproblem in der Bundesrepublik“, kommentierte der SPD-Abgeordnete Th. Schröer, „ist ein Türkenproblem.“ Schärfer noch wurde zuletzt der SPD-Kommunalexperte M. Neuffer in seinem schroffen Urteil: „Diese Verlagerung des türkischen Bevölkerungswachstums in die Bundesrepublik ist, mit Verlaub gesagt, ein gemeingefährlicher Unfug.“[75]

Die vielbemühte ‚soziale Integration' aber droht bei alldem nicht nur zur Leerformel zu erstarren, sondern sogar in ihr Gegenteil, in jene ‚soziale Segregation' umzuschlagen, die die Spannung stets höhertreibt. Das gilt unter vielen anderen Problemzonen und Konfliktbereichen seit langem schon a) für die Siedlungsstruktur, b) für das Schulwesen und neuerdings auch c) für die Entwicklung der Ausländerkriminalität.

a) Die Ausländerkonzentration in städtischen Siedlungsgebieten mit überlasteter sozialer Infrastruktur hat in den letzten Jahren erheblich zugenommen. Bei dem 1977 gescheiterten Versuch, dieser fortschreitenden Verdichtung entgegenzuwirken, war als Belastungsgrenze ein Ausländeranteil von 12% angesetzt worden. Bereits im Oktober 1980 lagen von 62 deutschen Städten mit mehr als 100000 Einwohnern 20 hart an bzw. erheblich über dieser Grenze: Der Ausländeranteil lag z. B. in München bei 16,8%, in Stuttgart bei 18,1%, in Offenbach a. M. bei 20,6% und in Frankfurt a. M. bei 22,1%. Dabei verschleiern solche Zahlen bei weitem die Ausländerkonzentration in einzelnen Stadtteilen, in denen der Ausländeranteil weit höher ist; so z. B. in Frankfurt (Altstadt, Innenstadt, Bahnhof) schon 1970/71 mit 31,6%, in Mannheim (E–K Quadrate) schon 1974 mit 38,4%, in Erlangen (Bezirk 109) 1973 mit 40,5%, von der dramatischen Entwicklung in Berlin-Kreuzberg (‚Klein-Istanbul') ganz zu schweigen. Bei wachsendem Familiennachzug hat sich diese Konzentration ständig weiter verdichtet. Wo sich Gastarbeiter und insbesondere Türken massieren, ziehen Deutsche aus. Eine neue Verdrängungstheorie macht von sich reden: „Die Herausbildung von Wohnschwerpunkten der Ausländer", schrieb M. Neuffer, „führt zur Verdrängung eingesessener deutscher Bevölkerung aus ihren Stadtteilen." Um so mehr wächst die Gettoisierung der Ausländerviertel. Die daraus resultierende „soziale Segregation", so der Deutsche Städtetag, zerstöre „jeden Integrationsansatz"[76].

b) Der Wandel im Altersaufbau der Ausländerbevölkerung ließ den Anteil ausländischer Schüler in allgemeinbildenden Schulen von 1973/74 bis 1978/79 um 59% auf 468300 ansteigen. 85% (413200) davon waren Gastarbeiterkinder. Ihr Anteil an der Schülerzahl der Grund- und Hauptschulen lag 1978/79 im Bundesdurchschnitt bei 6,3%. In wirtschaftlichen Verdichtungsräumen mit hoher Ausländerkonzentration aber waren schon zu dieser Zeit einzelne Klassen und sogar ganze Schulen mit 50% ausländischer Schüler keine Seltenheit mehr. In den 17 Grundschulen in Berlin-Kreuzberg erreichte der durchschnittliche Anteil ausländischer Schüler 1981 48,2%, in 7 Schulen mehr als 60%, von denen wiederum 80–93% türkische Schulkinder waren. In der Spitzengruppe rangierten hier Schulen mit einem Ausländeranteil von mehr als 70%. In Duisburg-Hüttenheim waren fast 90% der Grundschulanfänger Türkenkinder. Auch dies hat nicht nur mit starkem Geburtenzuwachs und anhaltendem Zuzug in die Ausländerviertel, sondern auch damit zu tun, daß deutsche Eltern – in der Furcht, in solchen Klassen würden nicht ausländische, sondern deutsche Kinder ‚integriert' – fortziehen oder aber, wie in Nordrhein-Westfalen, ihre Kinder in privaten Konfessionsschulen anmelden, die keine Ausländer aufnehmen. Dies aber verstärkt in den Ausländervierteln auch im Schulbereich nur um so mehr jene Segregationstendenzen, die z. B. durch die Ablehnung von Nationalklassen gerade verhindert werden sollten. Während die Zahl ausländischer Schulkinder im Bundesgebiet sprunghaft zunimmt und allein 1980/81 um mehr als 100000 auf rund 637000 anstieg, prognostizieren z. B. Hochrechnungen des Frankfurter Schulentwicklungsplans bis 1990 einen Ausländeranteil in den Frankfurter Hauptschulen in Höhe von 70%: „Schon heute gibt es Schulklassen, in denen nur noch jedes zehnte Kind Deutsch als Muttersprache spricht." Deutsche Schulen und ihre Lehrkräfte aber sind bei solchem Ausländerandrang ihrem Auftrag nicht selten ebensowenig gewachsen wie die ausländischen Schüler den schulischen Anforderungen, zu deren Bewältigung gerade sie einer besonders intensiven, von den Eltern nicht zu leistenden vorschulischen und begleitenden Betreuung bedürften. Besonders betroffen sind auch hier die türkischen Kinder – wegen der weiten Distanz in religiös-sozialem Normengefüge und Lebensformen zwischen der von den Eltern zumeist strikt verteidigten Welt der Herkunftsgesellschaft und derjenigen der Aufnahmegesellschaft. Wenn nach wie vor nur rund die Hälfte der Ausländerkinder einen Abschluß erreicht, so gilt auch dies besonders für die türkischen, während die Kinder der vergleichsweise leicht zu integrierenden Portugiesen, Spanier, Italiener oder Jugoslawen, deren Anteil an der Ausländerjugend stark gesunken ist, mittlerweile sogar häufiger auf weiterführende Schulen überwechseln als gleichaltrige aus deutschen Arbeitnehmerfamilien mit vergleichbarer Soziallage. Kaum besser steht es, trotz allen Strebens nach sozialer Integration, mit der beruflichen Ausbildung der Zweiten Generation: Für Duisburg wurde 1977 ermittelt, daß von den rund 2400 gemeldeten ausländischen Jugendlichen im Alter von 16–18 Jahren 43% weder eine Arbeitserlaubnis hatten noch eine Schule besuchten und fast drei Viertel der berufsschulpflichtigen ausländischen Jugendlichen nicht zur Berufsschule gingen. Von den rund 350000 ausländischen Jugendlichen im Alter von 15–20 Jahren besuchte nur etwa die Hälfte eine Berufsschule. „Während etwa 8 % der vergleichbaren deutschen Jugendlichen keine berufliche Ausbildung erhalten, sind es bei den Gastarbeiterkindern 75%. Ein Drittel von ihnen hat weder eine Beschäftigung noch einen Platz in der Berufsschule. Sie gammeln herum oder werden Opfer des illegalen Arbeitnehmerverleihs, einer Art modernen Sklavenhandels." Sie sind, wie M. Jungblut räsonnierte, in der Tat „die Arbeitslosen von morgen". All dies bei einem voraussichtlich schon ab Mitte der 80er Jahre zunehmenden Facharbeitermangel: „Die Lage der Zweiten Ausländergeneration", warnte die BA schon 1977, „ist das gegenwärtig gravierendste Problem der Ausländerpolitik und von großem Gewicht sowohl für das Schicksal der ausländischen Jugendlichen selbst als auch für die Zukunftsinteressen der Bundesrepublik Deutschland, die als hochentwickelte Industrienation in zunehmendem Maße Facharbeiter braucht."[77] Die trotz intensiver Bemühungen bislang nicht behobene und später kaum mehr zu behebende Vernachlässigung der ‚Gastarbeiterkinder' und ihre daraus resultierende schwere Benachteiligung im künftigen Berufsleben aber zeitigen auch heute schon gefährliche Folgen, die der erstrebten sozialen Integration direkt entgegenwirken. Dazu gehört das Problem der neuerdings stark wachsenden, sozial bedingten Ausländerkriminalität.

c) Noch in den späten 70er Jahren konnten Sozialwissenschaftler geläufige Befürchtungen und Vorurteile gegenüber der Ausländerbevölkerung mit dem Hinweis auf die niedrigen Daten der Ausländer in der altersspezifischen Kriminalstatistik korrigieren. 1980 kam eine Trendwende in Sicht: Die Ausländer mit einem Anteil von gut 7% an der Gesamtbevölkerung stellten rund 15 % aller Straftatverdächtigen. Neueren Untersuchungen zufolge lag gerade die Jugendkriminalität bei Ausländern in diesem Jahr bereits doppelt so hoch wie bei den Deutschen. Extremwerte waren nicht nur bei der Kleinkriminalität, sondern auch bei schweren Gewaltverbrechen zu verzeichnen. All dies ist wesentlich sozial bedingt, angetrieben durch Kulturkonflikt, Identitäts- und Mentalitätskrise in einem Einwanderungsprozeß ohne Lebensperspektive, durch mangelhafte schulische Bildung, die im Extremfall zum Analphabetentum in zwei Kulturen führt, durch Arbeitslosigkeit, unzureichende Berufsvorbereitung und eine daraus resultierende absehbare oder schon erlebte Benachteiligung auf dem Arbeitsmarkt, durch kollektive Desorientierung und einen tiefgreifenden Vertrauensverlust gegenüber Wertesystem und Sozialgefüge einer gleichgültig bis feindlich wirkenden Aufnahmegesellschaft, die sich um soziale Integration bemüht, ohne jedoch zureichend Chancen dazu vermitteln zu können, und so selbst dazu beiträgt, permanente Frustration letztlich in Aggression umschlagen zu lassen: „Junge Ausländer, die oft schon lange in Deutschland leben, glauben nicht mehr an die Gerechtigkeit dieser Gesellschaft“, kommentierte der Mainzer Soziologe F. Hamburger, der für das Bundeskriminalamt die sozialen Bestimmungskräfte asozialen Verhaltens ausländischer Jugendlicher untersuchte. „Für sie ist Kriminalität eine Form der erfolgreichen Anpassung.“ Das erinnert an Kühns eindringliche Warnung aus dem Jahre 1979, was nicht jetzt für die Ausländerintegration aufgewendet werde, müsse in einigen Jahren für Polizisten und Resozialisierungsmaßnahmen bereitgestellt werden. Hinzu kommt, als Zusatzbelastung der Spannung zwischen Aufnahmegesellschaft und ausländischer „Einwanderergesellschaft“, die fließende Grenze zwischen politischen Konflikten und gewalttätigen Auseinandersetzungen innerhalb der Ausländerbevölkerung, die zunehmend nach außen greifen und auf deutscher Seite um so schärfere Abwehrhaltungen und kollektive Verdächtigungen zu nähren beginnen. Neuffer: „Politische Auseinandersetzungen radikaler Ausländergruppen, besonders der Türken, führen zu zusätzlichen Krawallen und zur Beeinträchtigung der Sicherheit und des Friedens auf den Straßen und Plätzen unserer Städte. Die Gruppen exportieren die heimischen Konflikte nach Deutschland und tragen sie hier mit aller Rücksichtslosigkeit aus. Sie wenden sich dabei immer stärker und immer radikaler auch gegen die deutsche Polizei. In Städten mit hohen Ausländerquoten ist die Grenze des Tragbaren oft schon überschritten.“[78] Anstelle ‚sozialer Integration‘ aber wächst das Gegenteil, ‚soziale Segregation‘, um so mehr, je deutlicher sich in der Aufnahmegesellschaft vom ökonomischen Krisendruck gespeiste Sozialangst und vorurteilsvolles Mißtrauen zu wachsender Fremdenfeindlichkeit gegenüber den „Ungeliebten Gästen“ (Uhlig) verdichten.

5.4. Ideologische Aspekte: Krisendruck, Fremdenangst und ‚negative Integration‘

„Ein Gespenst geht um in der Bundesrepublik: die Furcht vor Überfremdung und Überfüllung“, so begann ein Leitartikel, der am Neujahrstag 1982 über „Angst vor den Fremden“ und „Ausländerfeindlichkeit“ in der Bundesrepublik berichtete. Die Gastarbeiter werden dabei häufig Opfer von Verwechslungen: In den letzten Jahren hat vor allem die — von den ‚Wirtschaftsasylanten‘ abgesehen — sachlich verfehlte Verquikkung der ‚Gastarbeiterfrage‘ mit dem grundverschiedenen, aber glei-

chermaßen unbewältigten ‚Asylantenproblem' zu einer bedrohlichen Emotionalisierung der ‚Ausländerdiskussion' beigetragen. Der Mißbrauch des Asylrechts durch jene ‚Wirtschaftsasylanten', die während eines jahrelangen und zumeist mit ihrer Abschiebung endenden Anerkennungsverfahrens ohne Arbeitserlaubnis in Sammellagern, Hotels und Sozialwohnungen von öffentlichen Geldern leben, strapaziert einerseits die öffentliche Toleranz und Aufnahmebereitschaft gegenüber echten politischen Flüchtlingen und verschärft andererseits in der Aufnahmegesellschaft die Brisanz des immer undifferenzierter diskutierten ‚Ausländerproblems' auf Kosten einer problemgerechten Diskussion der ‚Gastarbeiterfrage'. Dadurch verstärkte Abwehrhaltungen gegenüber ‚den Ausländern' schlechthin schlagen um in Aggressionen, besonders gegenüber dem türkischen Bevölkerungsanteil in der Bundesrepublik („Türken raus!"), bei dem in den letzten Jahren vielerlei Versuche beobachtet wurden, die Barrieren des Anwerbestops und des neuerdings erschwerten Familiennachzugs zu unterlaufen: vom ‚Wirtschaftsasylantentum' über die — nach türkischem Recht mögliche — Veränderung der Altersgrenzen beim Nachzug jugendlicher Familienangehöriger bis hin zum schwungvollen Handel mit ‚Arbeitsmarktehen'. Die Mißbräuche des Asylrechts aber, schrieb H. Schueler treffend, „verschärfen auch die sozialen Konflikte zwischen Deutschen und asylsuchenden Ausländern und übertragen sie zwangsläufig auf alle arbeitslosen Gastarbeiter. Denn wer kann schon unterscheiden zwischen einem Ausländer, der nicht arbeiten darf, einem, der nicht arbeiten will, und einem, der nicht arbeiten kann, weil er — wie sein ebenso betroffener deutscher Kollege — keinen Job mehr bekommt?"[79]
Solche Konflikte aber legen sich dem Bemühen um eine soziale Integration der Gastarbeiterbevölkerung quer; zumal dann, wenn diese Integration oder gar jene Assimilation, die nicht am Anfang, sondern nur am Ende eines geglückten Eingliederungsprozesses stehen kann, den Ausländern als Vorleistung abverlangt wird („Türken paßt euch an!"), ohne daß doch in der Aufnahmegesellschaft die dazu nötigen materiellen und immateriellen Voraussetzungen bislang hinreichend hätten geschaffen werden können. Besonders widersprüchlich muß es dabei erscheinen, wenn das, was vielen der großen Integrationsentwürfe der 70er Jahre zugrunde lag — soziale Integration auf Zeit ohne Nötigung zur kulturellen Assimilation (‚Germanisierung') —, heute polemisch gegen Ausländergruppen gekehrt wird, die in der Tat längerfristig als ‚Gastarbeiter' sozial integriert werden wollen, ohne deshalb ihre kulturelle Identität durch Nötigung zu demonstrativer Assimilationsbereitschaft gefährden zu

wollen. Das gilt insbesondere für die Türken, von denen nur 6,7% die deutsche Staatsbürgerschaft anstreben. („Die Türken wollen in der Bundesrepublik leben wie in der Türkei, nur besser!")

Im letzten Satz seiner Ende der 70er Jahre erarbeiteten und 1981 publizierten Studie mit dem provozierenden Titel *Die Bundesrepublik: Ein Einwanderungsland?* faßte der Sozialwissenschaftler Heckmann eine düstere Perspektive in die nüchterne Prosa der empirischen Sozialforschung. Unumkehrbar sei sie nicht, diese Einwanderungsfrage: „Dramatische oder kontinuierlich fortschreitende Verschärfungen der ökonomischen und politischen Lage mit nativistischen Bewegungen in ihrer Folge können zu Maßnahmen gegen die Gastarbeiterbevölkerung führen, die darauf abzielen, ihr Verbleiben in der Bundesrepublik insgesamt zu verhindern. Wegen der bei einem Großteil der Gastarbeiterbevölkerung objektiv bestehenden Anbindungen an die Zuwanderungsgesellschaft und der enormen Schwierigkeiten einer Reintegration in die Herkunftsgesellschaft müßten diese Prozesse allerdings notwendig ein starkes Maß an Gewalt implizieren und würden für viele Gastarbeiter und ihre Familien einer Vertreibung gleich- oder nahekommen."[80] Die Verschärfung der ökonomischen Lage, von der Heckmann sprach, ist seither fortgeschritten, die von ihm unter solchen Bedingungen für möglich gehaltenen Gegenbewegungen melden sich in einzelnen Stoßtrupps bereits lautstark zu Wort:

Einen ersten Höhepunkt des öffentlichen Meinungskampfes markierte die Diskussion um das „Heidelberger Manifest vom 17. Juni [!] 1981", das in einer ersten — später abgemilderten — Fassung Ende 1981 in die Presse gelangte, unterzeichnet von acht Hochschullehrern aus der Bundesrepublik. Sie wandten sich gegen „die Unterwanderung des deutschen Volkes durch Zuzug von vielen Millionen Ausländern und ihren Familien, die Überfremdung unserer Sprache, unserer Kultur und unseres Volkstums" als Erschwerung des im Grundgesetz festgelegten Wiedervereinigungsauftrages durch eine Art internationalisierte bzw. multinationale Nation. Sie forderten eine „Rückkehr der Ausländer in ihre angestammte Heimat" und riefen „zur Gründung eines parteipolitisch und ideologisch unabhängigen Bundes auf, dessen Aufgabe die Erhaltung des deutschen Volkes und seiner geistigen Identität auf der Grundlage unseres christlich-abendländischen Erbes" sein sollte. Das „Manifest" stieß in heftigen Diskussionen weithin auf schärfste Kritik — freilich weniger im Blick auf die allgemein vordringenden Forderungen nach einer Begrenzung des Ausländerzustroms als im Blick auf die hinter dem einschlägigen Vokabular des Aufrufs vermuteten ideologi-

schen Denkvorstellungen, die in Deutschland ihre eigene Geschichte haben. Das „Heidelberger Manifest" aber war nur die bizarre Spitze eines Eisbergs: Die ‚Anti-Ausländer-Bewegung' formierte und verdichtete sich weiter zu von verschiedenen, meist rechtsgerichteten Gruppen getragenen ‚Bürgerinitiativen' und ‚Ein-Punkt-Parteien' (‚Anti-Ausländer-Parteien') im Wahlkampf verschiedener Bundesländer. Ihre Vorstellungen und Forderungen in der zumeist en bloc thematisierten ‚Ausländerfrage' reichen von der Verschärfung des Asylrechts, einem generellen Zuwanderungsverbot („Ausländerstopp") und jenen separaten Schulklassen (‚Nationalklassen') für Ausländer, mit denen die kulturelle und soziale Segregation anstelle der Integration zum Programm erhoben wird, über kollektive Verdächtigungen ‚der Ausländer' und den Appell an dunkle Emotionen bis hin zu ideologischen Kampfparolen gegen eine „Unterwanderung" bzw. „Überfremdung" des deutschen „Volkstums" in einer „multirassischen" Gesellschaft und für die „Reinerhaltung der deutschen Rasse" durch „Ausländerbegrenzung". Bei den schleswig-holsteinischen Kommunalwahlen erreichte eine „Kieler Liste für Ausländerbegrenzung" in der Landeshauptstadt auf Anhieb 3,8%, in Arbeitervierteln wie Gaarden-Ost sogar 6,2% der abgegebenen Stimmen. Für die Hamburger Bürgerschaftswahl im Juni 1982 warb — erfolglos — eine „Hamburger Liste für Ausländerstopp" um Stimmen, attackiert von einer Hamburger „Bürgerinitiative gegen Ausländerfeindlichkeit". In Hessen operiert eine überregionale „Bürgerinitiative Ausländerstopp" neben einer lokalen „Bürger-Initiative Frankfurt M.-Ostend", von Bochum aus wirbt die bundesweite „Bürgerinitiative Ausländerstopp"[81].
Repräsentativbefragungen zeigen indes, daß sich seit der Jahrzehntwende die Haltung der Bundesbürger zur ‚Ausländerfrage' ganz allgemein von Grund auf gewandelt hat, daß sich die Aufnahmegesellschaft nachgerade in eine Abwehrgesellschaft zu verkehren beginnt: 1978 sprach sich erst eine starke Minderheit von 39%, Anfang 1982 hingegen eine starke Mehrheit von 68% bzw. 66% dagegen aus, daß „Gastarbeiter, die hierbleiben wollen, die Möglichkeit erhalten, für immer hierzubleiben", und dafür, daß sie „wieder in ihr Land zurückkehren". Einer ausgesprochen „ausländerfreundlichen Gruppe" von nurmehr 29% und einer „ambivalenten Gruppe" mit unterschiedlichen Einstellungen (22%) stand eine ausgesprochen „ausländerfeindliche Gruppe" von 49% gegenüber. Bei den Umfrageergebnissen waren deutliche Zusammenhänge zwischen der Stärke der Abwehrhaltung und dem schulischen bzw. beruflichen Qualifikationsniveau erkennbar, die darauf hin-

weisen, daß die Sorge um den Arbeitsplatz der Tendenz nach umgekehrt proportional zum abnehmenden Qualifikationsniveau anwächst und am stärksten bei jenen Gruppen ist, innerhalb derer die Ausländerbeschäftigung aus den genannten Gründen in der Tat als Konkurrenzfaktor erfahren bzw. vermutet werden kann — von der Konkurrenz um den Arbeitsplatz bis zur Konkurrenz um die Sozialwohnung: Für eine Rückkehr aller Gastarbeiter in ihre Herkunftsländer votierten Befragte mit Abitur zu 51%, solche mit mittlerer Schulbildung schon zu 54%, solche mit Volksschulbildung hingegen mit 71%. Die Ansicht, Ausländer („schlechte Kollegen") seien „sehr oft unsolidarisch gegenüber den deutschen Arbeitskollegen, weil sie immer bereit seien, Überstunden am Abend und am Wochenende zu machen", teilten unter den befragten deutschen Arbeitnehmern Angestellte zu 49%, Facharbeiter schon zu 61%, an- und ungelernte Arbeiter aber zu 69%, wobei Ressentiment und Antipathie („weniger sympathisch") gegenüber den türkischen Gastarbeitern als der mit Abstand am wenigsten geschätzten ausländischen Arbeitnehmergruppe am stärksten waren. Eingefordert wird, was die Aufnahmegesellschaft selbst fortschreitend aufgehoben hat: die Beschränkung der ausländischen Erwerbsbevölkerung auf jene kurzfristigen Ersatz- und Pufferfunktionen auf dem Arbeitsmarkt, deren sie durch die kontinuierliche Verfestigung ihres arbeits- und aufenthaltsrechtlichen Status weithin enthoben wurde. Aus der verbreiteten Unkenntnis über diese Zusammenhänge resultierende Aggressionen schlagen auf die Gastarbeiterbevölkerung zurück. Die Analysen bestätigten die Folgen der unheilvollen Verquickung von ‚Asylantenproblem' und ‚Gastarbeiterfrage' in der ‚Ausländerdiskussion': Pointiert könnte man den alten Satz vom Schlag, der den ‚Sack' trifft und den ‚Esel' meint, modifizieren: Ahnungslos-aggressive Deutsche schlagen die Asylanten, meinen die Gastarbeiter und treffen im Grunde sich selbst. Zugleich belegten die Analysen einen tiefgreifenden Mangel an Einsicht in die gesamtwirtschaftliche Bedeutung der Ausländerbeschäftigung, gegen den die Ausländerbeauftrage der Bundesregierung, Liselotte Funcke (F.D.P.), mit einer Aufklärungskampagne ebenso anzukämpfen sucht wie das Deutsche Institut für Wirtschaftsforschung, das in einer im September 1982 in der Presse diskutierten Untersuchung über die auch in Krisenzeiten gesamtwirtschaftlich nötige ausländische „Reservearmee" auf dem Arbeitsmarkt und deren „De-facto-Einwanderung" in der Bundesrepublik zu dem Ergebnis kam: „Zur Integration gibt es keine Alternative." Die Umfrageergebnisse belegten auch, daß blinde Projektionen und Vorurteile in der ‚Ausländerdiskussion' eine außergewöhnliche Rolle spielen, denn, so konnte das Resultat im Blick auf die konkreten Erfahrungen der Befragten mit Ausländern zusammengefaßt werden, „je mehr Kontakte, desto positiver die Meinung"[82].

Insgesamt aber zeigen die Ergebnisse einen dramatischen Stimmungsumschwung: Neben mit nüchternen Bestandsaufnahmen und Hinweisen auf erkennbare bzw. absehbare Fehlentwicklungen begründeten Warnungen vor einem weiteren Ausländerzustrom über die Brücken von Asylrecht, Familienzusammenführung und organisiertem Menschenschmuggel stehen in der ‚Ausländerdiskussion' dunkle Abwehrhaltungen allgemeiner ‚Ausländerfeindlichkeit', in der aus dem düstersten Kapitel deutscher Geschichte hinlänglich bekannte und von kritischen Stimmen zunehmend auch damit verglichene Denk- und Argumentationsmuster durchzubrechen scheinen. ‚Xenophobie' heißt der wissenschaftliche Name jener sozialen Krankheit, deren Symptome eine Mischung von Skepsis, Furcht und Haß gegenüber ‚den Fremden' sind. Ihr Nährboden ist die Krise. Falsche Propheten machen mit gefährlich einschlägigen Vorstellungen von sich reden. Die Zahl ihrer Anhänger ist noch ungewiß, aber der Konflikt wird emsig programmiert. Sündenbocktheorien gehen um, ‚Türkenwitze' erinnern fatal an die ‚Judenwitze' der NS-Zeit, gewalttätige Ausschreitungen gegenüber Ausländern fordern erste Opfer, Angst vor ideologischen Widergängern breitet sich aus: Steht der ‚häßliche Deutsche' wieder auf, volkstümelnd, rassenkundig und brutal? Wohl kaum, denn jene in der Tat gefährliche dumpfe ‚Ausländerfeindlichkeit', deren Kern ökonomische und soziale Ängste sind, ist weder schlichtweg ‚faschistisch' noch ausgesprochen ‚deutsch'. Es gibt sie auch in anderen Industriestaaten mit hoher Ausländerbeschäftigung. Ihre besondere Brisanz aber ergibt sich in der Diskussion in der Bundesrepublik aus dem langen Schatten der jüngsten deutschen Geschichte, der, so bleibt zumindest zu hoffen, manche Vorstellungskreise in der ‚Ausländerdiskussion' düsterer erscheinen läßt, als sie tatsächlich sind. Die in ihrer Sprengwirkung längst über den Arbeitsmarkt hinausreichende ‚Zeitbombe Gastarbeiterfrage' indes scheint als ‚Ausländerfrage' den Charakter eines sozialen Minenfeldes von ungeahnten Dimensionen anzunehmen.

Die Fronten sind abgesteckt: Die ‚Gastarbeiterfrage' sei längst ein Einwanderungsproblem, heißt die Auskunft der einen, vorwiegend sozialwissenschaftlichen Seite. „Ausländer raus" und vor allem „Türken raus", jedenfalls nicht rein ins deutsche „Volkstum", heißt die schrille, Kampfbereitschaft signalisierende Parole einer anderen Seite, die die nüchternen Lageanalysen der empirischen Sozialforschung naiver Ahnungslosigkeit zu zeihen sucht. „Ausländer-Integration ist Völkermord", ein „Verbrechen an den ausländischen Volksgruppen und am deutschen Volk", polemisierte eine Broschüre, die von Juni 1980 bis November 1981 sechs Auflagen erreichte[83]. Die damit werbende bundesweite „Bürgerinitiative Ausländerstopp" fordert die „feinen Prediger vom Einwanderungsland Bundesrepublik" in einem massenhaft verbreiteten Flugblatt auf: „Verlaßt Eure Villen im Grünen! Zieht in die Ausländerslums unserer Städte und Gemeinden! Seht Euch an, was Ihr durch die verheerende Ausländerpolitik anrichtet: Deutsche werden zur Minderheit im eigenen Land! Unsere Kinder können nicht mehr richtig lernen in Schulen, die von Ausländern überflutet werden! Es entstehen Slums wie in US-Amerika! Chicago und Harlem vor unserer Haustür!" Ideologischer Kraftakt, emotional gezieltes Mißverständnis, berechtigte Warnung oder sich selbst erfüllende Prophezeihung? Noch ist die große Mitte ruhig. Vielleicht nur noch auf Zeit. Denn diese Frage könnte die Nation in feindliche Lager spalten oder, schlimmer, in ein großes ‚deutsches' und ein kleines ‚fremdes', und das um so leichter, je mehr aufgeputschte Emotionen an die Stelle rationaler Argumentation und, notfalls, auch Konfliktbewältigung treten. Am Ende könnte etwas stehen, was Historikern aus der deutschen Geschichte unter dem Stichwort ‚negative Integration' hinreichend bekannt ist: die Konsolidierung der Mehrheit auf Kosten ausgekreister Minderheiten. Wie lange umgekehrt gerade die zweite Ausländergeneration den durch lang anhaltende Erkenntnisverweigerung, späte Einsichten und mangelnden Grundkonsens in der Gestaltungsfrage verordneten Mangel an Lebensperspektive noch defensiv erträgt, ohne sich zum Kampf um die eigene Zukunft gegen die sperrige Aufnahmegesellschaft zu sammeln, ist vielleicht nurmehr eine Frage der Zeit: „Diese Jugendlichen werden sicher ihre Rechte fordern und wahrscheinlich sogar soziale Konflikte nicht scheuen", schrieb der Ministerialdirektor im Bundesministerium für Arbeit und Sozialordnung W. Bodenbender, „wenn wir ihnen etwa die volle Integration verweigern."[84]

5.5. Politische Perspektiven: Zwischen Ausländerpolitik und Einwanderungspolitik

Solange die ‚Gastarbeiterfrage' und die zum Teil dahinterstehende Einwanderungsfrage nicht als gesellschaftspolitisches Problem ersten Ranges aufgegriffen und mit langfristigen Perspektiven gestaltet werden, bleibt nicht nur die soziale Zukunft der Gastarbeiterbevölkerung selbst, sondern in vieler Hinsicht auch diejenige des Aufnahmelandes Bundesrepublik ungewiß. Um so brisanter wird der Problemdruck, bei dessen Diskussion neuerdings selbst Vertreter organisierter Interessen auf dem Arbeitsmarkt, ‚Ausländerexperten' und politische Handlungsträger in Regierungsverantwortung zuweilen nachgerade von Panik erfaßt scheinen: Der IG-Metall-Bevollmächtigte H. Wagner fürchtet, daß „eines Tages die Hoffnungslosigkeit explodiert", der Arbeitsminister von Nordrhein-Westfalen F. Farthmann (SPD), daß es „bald hier zugeht, wie zwischen Holländern und Südmolukkern". Ohne eine drastische Einschränkung des Ausländerzustroms, begründete auch das Bundesarbeitsministerium Ende 1981 die Kabinettsvorlage zur Zuzugsbeschränkung, könne „die Schwelle erreicht werden, ab der das Unbehagen beträchtlicher Teile der deutschen Bevölkerung in offene Abwehrhaltung" umschlagen und schwerwiegende Folgen zeitigen könne — „soziale und politische Spannungen, die den gesellschaftlichen Frieden in der Bundesrepublik gefährden würden". Während Frankfurts Bürgermeister von „Pogromstimmung" in radikalisierten Kreisen der einheimischen Bevölkerung sprach, warnte Nordrhein-Westfalens Innenminister H. Schnoor (SPD) vor „Reaktionen gegen Ausländer", die „man nur rassistisch und faschistisch nennen" könne, und davor, daß die Ausländer und insbesondere die Türken geradezu „in die Rolle der Juden im Dritten Reich gedrängt werden" könnten. Es gebe „eine unterschwellige Neigung bei vielen Millionen Bürgern", warnte selbst Bundeskanzler Helmut Schmidt, „den Ausländern für alles die Schuld zu geben. Mich erinnert das an die billige Ausrede in den zwanziger Jahren, auf die sich damals viele Bürger und Kleinbürger eingelassen haben, für alles Mögliche den Juden die Schuld zu geben [...]. In aller Klarheit und Redlichkeit müssen wir aber auch sagen, daß wir, abgesehen von Menschen, die zu Hause politisch verfolgt werden, einen weiteren Zuzug von Ausländern in unser Land nicht mehr verkraften können". In die gleiche Richtung wies seine Mahnung, man dürfe den „Fehler, so viele Ausländer ins Land zu holen, nicht die Ausländer entgelten lassen"[85].

Eine umfassende Lösung aber ist noch immer nicht in Sicht, zumal es rasch wirkende, mit dem rechts- und sozialstaatlichen Selbstverständnis des Aufnahmelandes zu vereinbarende Patentrezepte nicht gibt. Vielmehr legen sich in der Diskussion der ‚Gastarbeiterfrage' Fronten quer durch das Meinungsspektrum der politischen Parteien: Während Hamburgs Bürgermeister Klaus v. Dohnanyi (SPD) im April 1982 im Parlament der Hansestadt das kommunale Wahlrecht für Ausländer in Erwägung zog, räsonierte Hessens Ministerpräsident Holger Börner (SPD) desillusioniert: „Mit Integration kommen wir nicht durch." Wenn v. Dohnanyi erklärte, die „Ausländerpolitik" dürfe „kein Wahlkampfthema werden", mithin nicht das, was sie de facto schon war, dann sprach daraus wohl nicht nur allgemeine Besorgnis angesichts der gefährlich fortschreitenden Emotionalisierung der ‚Ausländerdiskussion', sondern auch parteipolitisches Risikodenken. Der Bundesgeschäftsführer der SPD, Peter Glotz, warnte, die Partei der großen Integrationsentwürfe der 70er Jahre könne Stimmen „demnächst nicht nur an die Grünen, sondern auch noch an rechtsradikale Anti-Ausländer-Parteien verlieren". Darüber hinaus bestehe die Gefahr, „daß wir uns durch eine unrealistische Politik den Rechtsextremismus geradezu züchten". Die von Glotz damit begründete „Trendwende zum Realismus" aber ist über den Appell noch nicht hinausgekommen und könnte gegebenenfalls in der Tat auf dem Rücken der Gastarbeiter ausgetragen werden, die seinerzeit an jene großen Integrationsentwürfe glaubten und ihre Lebensperspektiven danach ausrichteten. Vom damaligen Bundesinnenminister Gerhart Baum (F.D.P.) wiederum wurden Ende 1981 einerseits die Worte kolportiert, es bestehe „im Kabinett Einvernehmen" darüber, „daß die Bundesrepublik für die Ausländer, die seit langem hier sind, und, wenn sie es auch noch nicht genau wissen, bleiben wollen, ein Einwanderungsland ist", andererseits aber auch das Eingeständnis, „daß wir in unserer Ausländerpolitik an sich noch keine gesicherte Perspektive haben"[86].

Das hat vor allem damit zu tun, daß es zwischen Regierung und Opposition, Bund und Ländern, Sozialpartnern, Kirchen, Wohlfahrtsorganisationen und anderen mit der Ausländerarbeit befaßten Institutionen, Organisationen und Gruppen im Grunde nurmehr eine negative Koalition der Einsicht in die Notwendigkeit einer — wie auch immer vorgestellten — Beschränkung des Ausländerzustroms zu geben scheint, und nurmehr Ansätze für einen positiven politischen Fundamentalkonsens gegenüber der anstehenden ökonomischen, rechtlichen und sozialen Gestaltungsaufgabe, die mit den indirekten Steuerungsinstrumentarien der Arbeitsmarktpolitik nicht mehr zu bewältigen ist: „Mir kommt kein Türke mehr über die Grenze", soll seinerzeit Bundeskanzler Schmidt dem Präsidenten des Arbeitgeberverbandes, Rodenstock, entgegengehalten haben, der trotz Massenarbeitslosigkeit bestehende Arbeitskräftelücken in einzelnen Beschäftigungsbereichen durch eine gezielte Lockerung des ‚Anwerbestops' auszufüllen erwog. „Daß kein neuer

Zuzug zu uns herkommen sollte, versteht sich von selbst", beharrte der Präsident der BA, Josef Stingl, im Frühjahr 1980. Dies sei jedoch nicht Sache der Arbeitsmarkt-, sondern der Außen- und Innenpolitik: „Aber hier hat man wohl zu lange gezögert, sich dessen bewußt zu werden."
Die Unsicherheit der politischen Handlungsträger vor der Integrationsaufgabe gegenüber der Ausländerbevölkerung, die schon seit vielen Jahren die Wirtschaft in der Bundesrepublik mitträgt, hat indes auch mit der Abhängigkeit der politischen Parteien von jener Wählergunst zu tun, die Integrationskonzepte immer weniger zu honorieren scheint: Bei CDU/ CSU-Wählern stehen sich Befürworter einer defensiv-restriktiven und einer liberal-integrativen Ausländerpolitik im Verhältnis 54 % zu 25 % gegenüber, bei SPD-Wählern im Verhältnis von 47% zu 29 %, bei F.D.P.-Wählern im Verhältnis von 37% zu 29 %. Das Nachrichtenmagazin *DER SPIEGEL* kommentierte dieses Ergebnis im Mai 1982 mit der gewiß nicht ganz unzutreffenden Einschätzung: „Jede Bonner Partei riskiert Konflikte mit vielen Anhängern, wenn sie das Ausländerproblem entschärft und einen Kurs steuert, der neben der Abwehr weiteren Zustroms die notwendige Integration eines erheblichen Teils der jetzigen Gastarbeiter zum Ziel hat."[87]
Die gefährliche Neigung wächst, das in Grenzen wirtschaftlich und gesellschaftlich Notwendige für politisch unmöglich zu erklären. Ein solcher Kreislauf der Argumente aber könnte für die politischen Parteien in der parlamentarischen Demokratie dieser Republik schwerwiegende Legitimationsprobleme aufwerfen. Nicht minder gefährlich aber ist eine widerwillige Integrationspolitik, deren stärkste Motivation die soziale Angst vor denjenigen ist, die ‚integriert' werden sollen, und die zugleich im politischen Entscheidungsprozeß durch jene wachsende ‚Fremdenfeindlichkeit' behindert wird, deren Ursprung wiederum ganz wesentlich in der gescheiterten ‚Rotationspolitik' selbst und nicht etwa ursächlich in blindwütigem Ausländerhaß zu suchen ist. Solange dieser Teufelskreis nicht durchbrochen wird, wächst der Problemdruck unablässig weiter.
„Die Politiker müssen Farbe bekennen", wurde Anfang Februar 1982, als der Bundestag über Ausländerprobleme debattierte, in der Presse gefordert: „Offiziell gilt die ‚Integration' der ausländischen Arbeitnehmer immer noch als Zielpunkt. Inoffiziell gibt es keinen Konsens darüber, was unter Integration zu verstehen ist."[87] In der Debatte wurde in der Tat ‚Farbe' bekannt. Es zeigte sich indes, daß die optische Unverträglichkeit von Komplementärfarben auch in der politischen Farbenlehre gilt: Über die gemeinsame Einsicht in die Grenzen der Belastbarkeit hinaus

war ein tragender positiver Konsens in der politischen Gestaltungsaufgabe kaum zu finden, vor allem nicht in der umstrittenen Frage der Einbürgerung der Zweiten Generation, bei der die sozial-liberale Koalition diesen Schritt neben vielen anderen an den Anfang, die Opposition ihn, wenn überhaupt, ans Ende eines geglückten Assimilationsprozesses setzen zu wollen schien. ‚Multinationale' bzw. ‚multikulturelle' Gesellschaft und ‚Vielvölkerstaat Bundesrepublik' lauteten die umkämpften Stichworte in der parlamentarischen und außerparlamentarischen Diskussion. Falsch aber wäre es, die Lösung des Problems allein an ‚die da oben', an die Politiker nämlich, zu delegieren und auf deren begründeten politischen Dissens mit verdrossenen Abwehrhaltungen zu reagieren, die das Problem nur um so mehr verschärfen. Denn jene in den verschiedensten Grenzen vorgestellte ‚Integration' ausländischer Arbeitnehmer und ihrer Familien muß zwar ‚von oben' ihren gesetzlichen Rahmen erhalten, in der Praxis aber ‚von unten' beginnen. Deshalb auch ist die ‚Gastarbeiterfrage' als Integrations- wie als Einwanderungsproblem eine Aufgabe für jeden einzelnen, die ihm in der alltäglichen Begegnung mit ausländischen Arbeitnehmern und ihren Familien stets aufs neue vor Augen tritt[89]. Eine solche aktive Aufnahmebereitschaft oder doch wenigstens passive Toleranz indes wird, gerade in der Krise, vielen Deutschen nur abzuverlangen sein, wenn 1. in der Tat die Grenzen gesetzt werden, innerhalb derer das Problem überhaupt zu bewältigen ist, und 2. in einem langfristigen Programm mit großen Perspektiven die Wege vorgezeichnet werden, auf denen es in jenen Grenzen bewältigt werden soll. Dabei wird nicht nur, wie im Ausländergesetz von 1965, nach den „Belangen" der Bundesrepublik und den Interessen der Deutschen, sondern auch nach den Belangen und Interessen jener „ungeliebten Gäste" zu fragen sein, die die Deutschen selbst ins Land riefen und denen gegenüber sie jetzt in die Rolle von Goethes ‚Zauberlehrling' geraten sind, ohne daß es freilich – Gott sei Dank – jenen allmächtigen ‚Meister' gäbe, der nur gerufen bzw. gewählt werden müßte.
Die in der Forschungsdiskussion wie in der parlamentarischen und außerparlamentarischen Öffentlichkeit umstrittene Frage indes, ob das Problem mittelfristig durch die ‚Integration' von ‚ausländischen Mitbürgern' oder aber langfristig durch die ‚Assimilation' von ‚Einwanderern', das heißt durch Fremdenrecht und Ausländerpolitik oder durch Einwanderungsgesetzgebung und Einwanderungspolitik, zu bewältigen sei, verzerrt die Diskussion durch eine falsche Alternative: Beide Positionen sind schlüssig, aber für verschiedene Gruppen innerhalb der Ausländer-

bevölkerung in der Bundesrepublik. Ausländerpolitik allein kann keinen Weg aus der Sackgasse bieten. Sie ist nützlich gegenüber ausländischen Arbeitnehmern, die in der Tat ‚Gastarbeiter' bleiben, auf Zeit sozial integriert werden wollen und, ohne sich kulturell assimilieren zu wollen bzw. zu können, später in ihre Herkunftsländer zurückkehren möchten, was bei der Ersten Generation noch häufiger der Fall ist. Ausländerpolitik ist unzureichend gegenüber denjenigen, die nicht nur in der Bundesrepublik bleiben, sondern auch deutsche Staatsbürger werden wollen und bereit sind, sich langfristig dem Assimilationsdruck im Einwanderungsprozeß zu stellen. Das gilt in stärkerem Maße für die Zweite Generation, für jene schon erwachsenen ‚Gastarbeiterkinder', die nach Mentalität und Selbstverständnis vielfach nichts anderes sind als Deutsche mit einem ausländischen Paß.
Die Verteilung von Bundespersonalausweisen an in Deutschland aufgewachsene ‚Gastarbeiterkinder' freilich kann bestenfalls staatsrechtliche, nicht aber jene sozialen Probleme lösen, die den bevorstehenden Härtetest für das soziale Sicherheitssystem der Bundesrepublik in der Krise erheblich komplizieren werden. Dann nämlich, wenn Hunderttausende von unzureichend aufs Berufsleben vorbereiteten und sozial nicht zureichend integrierten ‚Gastarbeiterkindern' bei anhaltender Verspannung der Angebot-Nachfrage-Relation auf dem Arbeitsmarkt zusammentreffen mit den letzten ‚starken Jahrgängen', die jetzt unsere Schulen absolvieren. Dann wird sich zeigen, ob es — trotz Bundespersonalausweis — nicht doch Deutsche erster und zweiter Klasse geben wird, nicht an der Wahlurne, aber auf dem Arbeitsmarkt und im Sozialgefüge dieser Republik. Daß indes beide Gruppen, Gastarbeiter und Einwanderer, in Grenzen auch langfristig hierzulande gebraucht werden, scheint außer Frage zu stehen: auf dem Arbeitsmarkt, wenn die ‚schwachen Jahrgänge' kommen, wie im Blick auf ‚Rentenberg' und ‚Generationenvertrag', wenn grundlegende Strukturveränderungen nicht alles anders kommen lassen.
Nötig für eine solche, wie auch immer begrenzte Zulassung derjenigen, die die Einbürgerung beantragen, und für ihre Eingliederung als Staatsbürger in die politische Kultur dieses Lands aber sind nicht die hier zu kurz greifenden Steuerungsinstrumentarien und Integrationshilfen der Ausländerpolitik, sondern Einwanderungsgesetzgebung und Einwanderungspolitik. Ob man die Sache offen beim Namen nennt oder aber, wie zuletzt D. Mertens in einer scharfsichtigen Skizze[90], diesen dringend nötigen „großen Wurf" vorsichtiger als „Eingliederungsgesetz" umschreibt, bleibt letztlich eine Frage der Formulierung nach dem gefäl-

ligen Regelsystem im Schatzkästlein der wählerfreundlichen politischen Prosa. Daß dabei nicht etwa allen Anträgen auf Einbürgerung Rechnung getragen werden kann, gehört zu den Binsenweisheiten der Einwanderungsgeschichte. Zwischen dem Angebot einer sozialen Integration auf Zeit (Ausländerpolitik) und der legislativen Eröffnung bzw. Beschränkung von Einbürgerungschancen (Einwanderungspolitik) liegt ein weites Feld, innerhalb dessen für Ausländer mit langem Inlandsaufenthalt die Gewährung wichtiger bürgerlicher Grundrechte auch ohne Einbürgerung denkbar ist. Beispiele dafür gibt es in der Geschichte wie in der Gegenwart (Schweden). Die Chancen und Grenzen eines Einwanderungsprozesses in seinen verschiedenen Formen und Stufen aber können nicht durch hilflose Defensive, sondern nur aktiv, durch Einwanderungsgesetzgebung und Einwanderungspolitik gestaltet und damit für aller erkennbar markiert werden – selbst wenn eine solche Einwanderungspolitik im äußersten Falle zeitweise vorwiegend die Funktion haben sollte, das zu blockieren, was zu gestalten ihre eigentliche Aufgabe ist, die Einwanderung selbst. Auch dieser zumeist krisenbedingte und nur scheinbare Widerspruch hat seine Geschichte: als Einwanderungssperre durch restriktive Einwanderungspolitik.
Die in der Bundesrepublik anhaltende Reserve gegen solche Einwanderungsgesetzgebung und Einwanderungspolitik ist nur mit jener Skepsis Bismarcks und führender, vor allem agrarisch-konservativer Kreise im Kaiserreich gegen eine gesetzliche Regelung des Auswanderungswesens zu vergleichen: Bestimmt durch die Vorstellung, Auswanderungsgesetzgebung befördere nur die mißliebige Auswanderung aus der durch ‚Leutenot' geplagten Landwirtschaft, trug diese Skepsis wesentlich dazu bei, daß die Entwürfe für das erste Reichsgesetz über das Auswanderungswesen liegenblieben, bis es, sieben Jahre nach Bismarcks Sturz, definitiv zu spät war: Als es 1897 schließlich verabschiedet wurde, gehörte die deutsche Massenauswanderung des 19. Jahrhunderts bereits der Vergangenheit an. Die historische Verspätung der Auswanderungsgesetzgebung war für das Auswanderungsland selbst nicht sonderlich von Belang; denn sie diente vornehmlich dem Schutz der Auswanderer auf ihrem Weg in den Einwanderungsprozeß, und Millionen dieser Auswanderer waren längst Staatsbürger überseeischer Einwanderungsländer geworden. Eine Verspätung von Einwanderungsgesetzgebung aber könnte, von den mit gescheiterten Einwanderungsprozessen verbundenen persönlichen Schicksalen ganz abgesehen, für das Aufnahmeland verheerende soziale Folgen haben; denn die „De-facto-Einwanderer" sind schon da, und sie bleiben als Einwanderer ‚Gesetz-

lose', solange sie ihre Lebensperspektive nicht an einer solchen Einwanderungsgesetzgebung ausrichten können.
Die verbreitete Verwechslung von Einwanderungsgesetzgebung und Einwanderungspolitik mit einer schrankenlosen Befürwortung der Einwanderung beruht auf einem Irrglauben. Wenn es in dieser Hinsicht eine Lehre aus der Geschichte der Aus- und Einwanderungen gibt, dann diese: Einwanderungspolitik ist keineswegs nur Hilfe für Einwanderungswillige. Sie ist auch Steuerungsinstrument und damit Selbsthilfe des Einwanderungslandes. Sie bietet dem Einwanderungsland einen gewissen Schutz vor unlösbaren Integrations- bzw. Assimilationsproblemen. Sie gibt Einwanderungswilligen, die den Einwanderungsbedingungen nicht entsprechen können oder wollen, von Anbeginn an Klarheit über die Aussichtslosigkeit ihres Vorhabens. Sie schützt sie damit vor jener verhängnisvollen Fehleinschätzung ihrer Situation, deren Ergebnis in der persönlichen Katastrophe eines gescheiterten Einwanderungsprozesses liegt. Sie kann grausam sein für Einwanderungswillige, aber sie ist ehrlicher als Integrationskonzeptionen, die Einwanderungsambitionen wecken, ohne ihnen entsprechen zu können. Das ‚Assimilationsproblem' indes ist keine staatsrechtliche Frage. Seine Bewältigung auf dem Weg durch die kulturelle Identitätskrise ist eine Aufgabe, die die Aufnahmegesellschaft dem Einwanderer nicht abnehmen kann. Aber sie kann ihm den Weg erleichtern, nicht nur durch passive Toleranz, sondern auch durch aktive Aufnahmebereitschaft gegenüber jenen ‚Bindestrich-Deutschen', die die Schleuse der Einbürgerung passiert haben: ‚Italo-Amerikaner' sind allemal zuerst Amerikaner, auch wenn sie in der Aufnahmegesellschaft selbst in der zweiten Generation noch als ‚Italiener' gelten. Ähnliches galt früher für Millionen von ‚Deutsch-Amerikanern'. Warum sollte es in der Bundesrepublik z. B. keine ‚Italo-Deutschen' geben, auch wenn sie hierzulande noch als ‚Italiener' gelten, obschon sie Deutsche sind? — Solche und andere ‚Lehren der Geschichte' von Einwanderungsprozessen im positiven wie im negativen Sinne als in den Grundzügen empfehlenswerte oder aber warnende Beispiele bewußt vernachlässigen, hieße, in defensiver Erkenntnisverweigerung fahrlässig auf sozialen Konfliktkurs gehen. Die sozialen Kosten eines solchen Konflikts können durch Zuwarten nur steigen. Eine sinnvolle Verbindung und gegenseitige Ergänzung von Ausländerpolitik und Einwanderungspolitik hingegen könnte das Werkzeug bieten, das Explosivpaket ‚Gastarbeiterfrage' zu entschärfen oder doch zumindest in seiner sozialen Sprengkraft zu beschränken, bevor es, wieder einmal, zu spät ist. Spät genug ist es ohnehin[91].

Was hier in anderer Form und in kleinerer Dimension neu ansteht, ist im Kern eine neue Soziale Frage. Im 19. Jahrhundert hatte die deutsche Massenauswanderung weithin die Züge eines Exports der Sozialen Frage. Heute stehen wir vor einer importierten Sozialen Frage. Ihre Bewältigung wird wesentlich davon abhängen, ob und inwieweit die Bundesrepublik ökonomisch genötigt, staatsrechtlich bereit und gesellschaftlich imstande ist, sich diesem Wandel von der Gastarbeiterfrage zur Einwanderungsfrage zu stellen.

6. Anmerkungen

1 U. Mehrländer, Beschäftigung ausländischer Arbeitnehmer in der Bundesrepublik Deutschland unter spezieller Berücksichtigung Nordrhein-Westfalens, Opladen 1969; –, Soziale Aspekte der Ausländerbeschäftigung, Bonn-Bad Godesberg 1974; M. Nikolinakos, Politische Ökonomie der Gastarbeiterfrage. Migration und Kapitalismus, Reinbek 1973; R. Lohrmann, K. Manfrass (Hrsg.), Ausländerbeschäftigung und internationale Politik. Zur Analyse transnationaler Sozialprozesse, München 1974; O. Uhlig, Die ungeliebten Gäste. Ausländische Arbeitnehmer in Deutschland, München 1974. Aus der Sicht der DDR: L. Elsner, Fremdarbeiterpolitik in Westdeutschland, Berlin (Ost) 1970.

2 Hierzu zuletzt: T. Pierenkemper, R. Tilly (Hrsg.), Historische Arbeitsmarktforschung. Entstehung, Entwicklung und Probleme der Vermarktung von Arbeitskraft, Göttingen 1982.

3 Der Anmerkungsapparat wurde deshalb bewußt knapp gehalten. Für weiterführende Hinweise und die Auseinandersetzung mit der umfangreichen Forschungsliteratur s.: K. J. Bade, Massenwanderung und Arbeitsmarkt im deutschen Nordosten von 1880 bis zum Ersten Weltkrieg. Überseeische Auswanderung, interne Abwanderung und kontinentale Zuwanderung, in: Archiv für Sozialgeschichte, 20. 1980, S. 265–323; –, Politik und Ökonomie der Ausländerbeschäftigung im preußischen Osten 1885–1914. Die Internationalisierung des Arbeitsmarkts im ‚Rahmen der preußischen Abwehrpolitik', in: H.-J. Puhle, H.-U. Wehler (Hrsg.), Preußen im Rückblick, Göttingen 1980, S. 273–299; –, Arbeitsmarkt, Bevölkerung und Wanderung in der Weimarer Republik, in: M. Stürmer (Hrsg.), Die Weimarer Republik — belagerte Civitas, Königstein i. Ts. 1980, S. 160–187; –, Arbeitsmarkt, Ausländerbeschäftigung und Interessenkonflikt: der Kampf um die Kontrolle über Auslandsrekrutierung und Inlandsvermittlung ausländischer Arbeitskräfte in Preußen vor dem Ersten Weltkrieg, in: Fremdarbeiterpolitik des Imperialismus, H. 10 (1981), Rostock 1981, S. 27–47; –, German Emigration to the United States and Continental Immigration to Germany in the Late Nineteenth and Early Twentieth Centuries, in: Central European History, 13. 1980, H. 4 (ersch. 1982), S. 349–377; –, Transnationale Migration und Arbeitsmarkt im Kaiserreich. Vom Agrarstaat mit starker Industrie zum Industriestaat mit starker agrarischer Basis, in: Pierenkemper/Tilly, S. 182–211; –, Die importierte Soziale Frage, in: DIE ZEIT, 7. 5. 1982; — ‚Kulturkampf' auf dem Arbeitsmarkt: Bismarcks ‚Polenpolitik' 1885–1890, in: O. Pflanze (Hrsg.), Innenpolitische Probleme des Bismarck-Reiches, München 1983; vgl. auch Anm. 8, 18, 19, 49.

4 I. Ferenczi, Proletarian Mass Migrations, 19th and 20th Centuries, in: F. W. Willcox (Hrsg.), International Migrations, Bd. 1.: Statistics, New York 1929 (Repr. 1969), S. 81ff.; W. Köllmann, Bevölkerungsgeschichte 1800–1970, in: H. Aubin, W. Zorn (Hrsg.), Handbuch der deutschen Wirtschafts- und Sozialgeschichte, Stuttgart 1976, S. 9–50 (auch zum folgenden), hier S. 20; vgl. D. Langewiesche, Wanderungsbewegungen in der Hochindustrialisierungsperiode. Regionale, interstädtische und innerstädtische Mobilität in Deutschland 1890–1914, in: Vierteljahrschrift für Sozial- und Wirtschaftsgeschichte, 64. 1977, H. 1, S. 1–40.

5 Gesamtdarstellung: J. Knodel, The Decline of Fertility in Germany, 1871–1939, Princeton N.J. 1974; vgl. R. Spree, Soziale Ungleichheit vor Krankheit und Tod. Zur Sozialgeschichte des Gesundheitsbereiches im Deutschen Kaiserreich, Göttingen 1981; übergreifend: J. Schmid, Einführung in die Bevölkerungssoziologie, Hamburg 1976, S. 283–292; A. E. Imhof, Die gewonnenen Jahre. Von der Zunahme unserer Lebensspanne seit 300 Jahren oder: Von der Notwendigkeit einer neuen Einstellung zu Leben und Sterben, München 1981.

6 Hierzu und zum folgenden für die Geschichte der deutschen Übersee-Auswanderung: H. Fenske, International Migration: Germany in the Eighteenth Century, in: Central European History, 13. 1980. (ersch. 1982), S. 332–347; W. Mönckmeier, Die deutsche überseeische Auswanderung, Jena 1912; M. Walker, Germany and the Emigration, 1816–1885, Cambridge Mass. 1964; P. Marschalck, Deutsche Überseeauswanderung im

19. Jahrhundert, Stuttgart 1973; H. Bickelmann, Deutsche Überseeauswanderung in der Weimarer Zeit, Wiesbaden 1980; G. Moltmann (Hrsg.), Deutsche Amerikaauswanderung. Sozialgeschichtliche Beiträge, Stuttgart 1976; als Dokumentation: — (Hrsg.), Aufbruch nach Amerika. Friedrich List und die Auswanderung aus Baden und Württemberg 1816/17). Dokumentation einer sozialen Bewegung, Tübingen 1979; zur Geschichte der deutschen Übersee-Einwanderung und Koloniebildung im Einwanderungsprozeß s. für Nordamerika: K. Neils Conzen, Immigrant Milwaukee, 1836–1860: Accomodation and Community in a Frontier City, Cambridge Mass. 1976; A. Bretting, Soziale Probleme deutscher Einwanderer in New York City 1800–1860, Wiesbaden 1981; W. D. Kamphoefner, Westfalen in der Neuen Welt. Eine Sozialgeschichte der Auswanderung im 19. Jahrhundert, Münster 1982; übergreifend: K. Neils Conzen, Art. ‚Germans', in: Harvard Encyclopedia of American Ethnic Groups, Cambridge Mass. 1980, S. 405–425; für Südamerika: J. Roche, La colonisation allemande et le Rio Grande do Sul, Paris 1959; R. C. Newton, German Buenos Aires, 1900–1933: Social Change and Cultural Crisis, Austin 1977; J. P. Blancpain, Les Allemand au Chili (1816–1945), Köln 1974; G. F. W. Young, Germans in Chile: Immigration and Colonization, 1849–1914, New York 1974.

7 Die extremen Ausschläge innerhalb der 2. Auswanderungswelle sind durch eine Veränderung des Erhebungszeitraums bedingt (bereinigte Kurve bei Moltmann, Amerikaauswanderung, S. 201).

8 Allgemein hierzu: K. J. Bade, Altes Handwerk, Wanderzwang und Gute Policey. Gesellenwanderung zwischen Zunftökonomie und Gewerbereform, in: Vierteljahrsschrift für Sozial- und Wirtschaftsgeschichte, 69. 1982, H. 1, S. 1–37; vgl. M. Stürmer, Handwerk und höfische Kultur. Europäische Möbelkunst im 18. Jahrhundert, München 1982, S. 22–74.

9 W. Abel, Massenarmut und Hungerkrisen im vorindustriellen Deutschland, Göttingen 1972, S. 54–58; ders., Massenarmut und Hungerkrisen im vorindustriellen Europa. Versuch einer Synopsis, Hamburg 1974, S. 279f., S. 302–396.

10 H. Rosenberg, Die Weltwirtschaftskrise 1857–1859, 2. Aufl. Göttingen 1974.

11 C. Wittke, Refugees of Revolution. The German Forty-Eighters in America, Philadelphia 1952.

12 M. Stürmer, 1848 in der deutschen Geschichte, in: Festschrift H. Rosenberg, hrsg. v. H.-U. Wehler, Göttingen 1974, S. 232.

13 H. Rosenberg, Große Depression und Bismarckzeit. Wirtschaftsablauf, Gesellschaft und Politik in Mitteleuropa, Berlin 1967.

14 B. Heyne, Die internationale Rückwanderung, in: Archiv für Wanderungswesen, 5. 1932, S. 87–95; zur Geschichte der transatlantischen Rückwanderung: G. Moltmann, American-German Return Migration in the Nineteenth and Early Twentieth Centuries, in: Central European History, 13. 1980, S. 378–392.

15 M. A. Jones, American Immigration, Chicago 1960, S. 247ff., 278ff.; H. J. Wendler, Universalität und Nativismus. Das nationale Selbstverständnis der USA im Spiegel der Einwanderungspolitik, Diss. phil. Hamburg 1978, S. 176ff.

16 Hierzu: R. Engelsing, Bremen als Auswandererhafen 1683–1880, Bremen 1961.

17 Hierzu neben der älteren Arbeit von B. Karlsberg, Geschichte und Bedeutung der deutschen Durchwandererkontrolle, Diss. Hamburg 1921 (MS), jetzt: H. Just, Transitprobleme der osteuropäischen Amerikaauswanderung durch Deutschland am Ende des 19. und Anfang des 20. Jahrhunderts, Hamburg 1977 (MS).

18 Zur Auswanderungsdiskussion im 19. Jahrhundert s. die Beiträge von Chr. Hansen und M. Kuckhoff, in: Moltmann, Amerikaauswanderung, S. 8–61, S. 102–145; H. Fenske, Die deutsche Auswanderung in der Mitte des 19. Jahrhunderts. Öffentliche Meinung und amtliche Politik, in: Geschichte und Wissenschaft im Unterricht, 24. 1973, S. 221–236; K. J. Bade, Friedrich Fabri und der Imperialismus in der Bismarckzeit: Revolution — Depression — Expansion, Freiburg i. Br. 1975, S. 80–120, S. 354–368.

19 Ders., Die deutsche Kolonialexpansion in Afrika, in: W. Fürnrohr (Hrsg.), Afrika im Geschichtsunterricht europäischer Länder. Von der Kolonialgeschichte zur Geschichte der Dritten Welt, München 1982, S. 13–47, hier S. 35f.

20 Hierzu: Mönckmeier, S. 252–269; H. W. Tetzlaff, Das deutsche Auswanderungswesen unter besonderer Berücksichtigung der Übervölkerung Deutschlands in staats- und völkerrechtlicher Sicht, Diss. iur. Göttingen 1953 (MS), S. 104ff.

21 E. v. Philippovich (Hrsg.), Auswanderung und Auswanderungspolitik in Deutschland. Berichte über die Entwicklung und den gegenwärtigen Zustand des Auswanderungs-

wesens in den Einzelstaaten und im Reich, Leipzig 1892.
22 Bickelmann, S. 81–107.
23 Quellenbelege und Literaturhinweise zu Kap. 2.1.2. in: Bade, Politik und Ökonomie; –, Arbeitsmarkt, Ausländerbeschäftigung und Interessenkonflikt; –, Transnationale Migration (s. Anm. 3).
24 Zur Geschichte der ‚Ruhrpolen': E. Franke, Das Ruhrgebiet und Ostpreußen. Geschichte, Umfang und Bedeutung der Ostpreußeneinwanderung, Essen 1936; W. Brepohl, Der Aufbau des Ruhrvolkes im Zuge der Ost-West-Wanderung, Recklinghausen 1948; H.-U. Wehler, Die Polen im Ruhrgebiet bis 1918, in: — (Hrsg.), Moderne deutsche Sozialgeschichte, Köln 1968, S. 437–455; Chr. Kleßmann, Polnische Bergarbeiter im Ruhrgebiet 1870–1945. Soziale Integration und nationale Subkultur einer Minderheit in der deutschen Industriegesellschaft, Göttingen 1978; K. Murzynowska, Die polnischen Erwerbsauswanderer im Ruhrgebiet während der Jahre 1880–1914, Dortmund 1979; R. C. Murphy, Gastarbeiter im Deutschen Reich. Polen in Bottrop 1871–1933, Wuppertal 1982.
25 E. Lacina, Emigration 1933–1945. Sozialhistorische Darstellung der deutschsprachigen Emigration und einiger ihrer Asylländer aufgrund ausgewählter zeitgenössischer Selbstzeugnisse, Stuttgart 1982; W. Frühwald, W. Schieder (Hrsg.), Leben im Exil. Probleme der Integration deutscher Flüchtlinge im Ausland 1933–1945, Hamburg 1981.
26 E. L. Homze, Foreign Labor in Nazi Germany, Princeton N.J. 1967; H. Pfahlmann, Fremdarbeiter und Kriegsgefangene in der deutschen Kriegswirtschaft 1939–1945, Darmstadt 1968.
27 D. A. Loeber (Hrsg.), Diktierte Option. Die Umsiedlung der Deutsch-Balten aus Estland und Lettland 1939–1941, Neumünster 1972.
28 Hierzu aus verschiedenen Perspektiven: Th. Schieder (Hrsg.), Dokumentation der Vertreibung der Deutschen aus Ost-Mitteleuropa, Bd. 1ff., Groß-Denkte/Wolfenbüttel 1954ff.; G. Ziemer, Deutscher Exodus. Vertreibung und Eingliederung von 15 Millionen Ostdeutschen, Stuttgart 1973; A. M. de Zayas, Die Anglo-Amerikaner und die Vertreibung der Deutschen. Vorgeschichte, Verlauf, Folgen, München 1977; G. Böddeker, Die Flüchtlinge. Die Vertreibung der Deutschen im Osten, München 1980; F. Grube, G. Richter, Flucht und Vertreibung. Deutschland 1944–1947, Hamburg 1980; R. Mühlfenzl (Hrsg.), Geflohen und vertrieben. Augenzeugen berichten (nach der Fernsehdokumentation ‚Flucht und Vertreibung' von E. Berthold u. J. v. Morr), Königstein i. Ts. 1981.
29 E. Lemberg, F. Edding (Hrsg.), Die Vertriebenen in Westdeutschland. Ihre Eingliederung und ihr Einfluß auf Gesellschaft, Wirtschaft, Politik und Geistesleben, 3 Bde., Kiel 1959; zuletzt hierzu: S. Bethlehem, Heimatvertreibung, DDR-Flucht, Gastarbeiterzuwanderung. Wanderungsströme und Wanderungspolitik in der Bundesrepublik Deutschland, Stuttgart 1982, S. 21–106.
30 T. W. Mason, Arbeiterklasse und Volksgemeinschaft. Dokumente und Materialien zur deutschen Arbeiterpolitik 1936–1939, Opladen 1975, S. 111.
31 J. Lehmann, Bemerkungen zur Beschäftigung ausländischer Arbeitskräfte im Deutschland der ersten Jahre der faschistischen Diktatur, in: Fremdarbeiterpolitik des Imperialismus, H. 7, Rostock 1980, S. 81–111; –, Ausländische Arbeitskräfte in Deutschland 1933–1939. Zum Umfang, zur Entwicklung und Struktur ihrer Beschäftigung, ebenda, H. 8, Rostock 1980, S. 5–21; K. Dohse, Ausländische Arbeiter und bürgerlicher Staat. Genese und Funktion von staatlicher Ausländerpolitik und Ausländerrecht. Vom Kaiserreich bis zur Bundesrepublik Deutschland, Königstein i. Ts. 1981, hier S. 105–134 (auch zum Folgenden).
32 Ebenda, S. 132.
33 Zit. ebenda, S. 127.
34 Ebenda, S. 133.
35 Pfahlmann, S. 227, S. 232–234.
36 W. Wimmer, Die Sklaven. Eine Sozialgeschichte mit Gegenwart, Reinbek 1979, hier S. 209–239.
37 Hierzu und zum Folgenden: F. W. Henning, Das industrialisierte Deutschland 1914–1972, Paderborn 1974, S. 185–266; K. Hardach, Wirtschaftsgeschichte Deutschlands im 20. Jahrhundert, Göttingen 1976, S. 107–129, S. 161–244.
38 J. Stingl, Auswirkungen des Einströmens der Sudetendeutschen auf die Wirtschafts- und Sozialstruktur Bayerns. Referat auf einer Akademie-Tagung der Hanns-Seidel-Stiftung in München, 8.11.1979 (im Manuskr. vervielf.).
39 Köllmann, S. 41, S. 48; über den Geburtenrückgang in der Bundesrepublik und seine

sozialökonomischen Implikationen jetzt: D. Eversley, W. Köllmann (Hrsg.), Population Change and Social Planning: social and economic implications of the recent decline in fertility in the United Kingdom and the Federal Republic of Germany, London 1982 (hier bes. der Beitrag von P. Marschalck, S. 62–87).

40 Köllmann, S. 48; K. M. Bolte u. a., Bevölkerung. Statistik, Theorie, Geschichte und Politik des Bevölkerungsprozesses, Opladen 1980, S. 83–93, Bethlehem, S. 107–116.

41 Ebenda, S. 210–323.

42 Bevölkerung und Wirtschaft 1872–1972, hrsg. v. Stat. Bundesamt, Wiesbaden 1972, S. 99.

43 Bethlehem, S. 205–209.

44 Nürnberger Nachrichten, 6.2.1980, 14.11.1981; DIE ZEIT, 9.4.1981; Frankfurter Rundschau, 26.2.1982; DER SPIEGEL, 3.5.1982, S. 170ff.

45 Köllmann, S. 45f.

46 Internationale Chronik zur Arbeitsmarktpolitik, 1981, Nr. 4, S. 3f.; Bethlehem, S. 130–132, S. 180–188.

47 S. Ronzani, Arbeitskräftewanderung und gesellschaftliche Entwicklung. Erfahrungen in Italien, in der Schweiz und in der Bundesrepublik Deutschland, Königstein i. Ts. 1980, S. 179; Dohse, S. 135–231; Bethlehem, S. 164–180.

48 P. Siewert, Zur Situation heute, in: R. C. Rist, Die ungewisse Zukunft der Gastarbeiter, Stuttgart 1978, S. 237–248, hier S. 237f.

49 F. Heckmann, Die Bundesrepublik: Ein Einwanderungsland? Zur Soziologie der Gastarbeiterbevölkerung als Einwandererminorität, Stuttgart 1981; meine im WS 1978/79 an der Philosophischen Fakultät der Universität Erlangen-Nürnberg vorgelegte Habilitationsschrift (Transnationale Migration und Arbeitsmarkt in Deutschland 1879–1929, Erlangen 1978, MS) trifft sich in einer ganzen Reihe von wirtschafts-, sozialgeschichtlichen und sozialpsychologischen Interpretationslinien mit der völlig unabhängig davon entstandenen und ein Jahr später an der Sozial- und Wirtschaftswissenschaftlichen Fakultät der Universität Bamberg vorgelegten Habilitationsschrift von F. Heckmann (vgl. dazu Heckmann S. 149, Anm. 17); zum Folgenden vgl. McRae, S. 26–33; Bethlehem, S. 107–204.

50 Heckmann, S. 151–155; Lohrmann, Hadjandreou, in: Lohrmann / Manfrass, S. 97–102; Bethlehem, S. 127f.

51 Ronzani, S. 191–193; Lohrmann, Hadjandreou, S. 98f.

52 Heckmann, S. 156–161; Bethlehem, S. 128–130.

53 Heckmann, S. 170f.

54 Nikolinakos, S. 98–100; Heckmann, S. 168f.

55 Ebenda, S. 162–165; Chronik 1981, H. 4, S. 4; Bundesanstalt für Arbeit (BA), Überlegungen II zu einer vorausschauenden Arbeitsmarktpolitik, Nürnberg 1978, S. 245f.

56 Ronzani, S. 182.

57 P. Cinanni, Emigration und Imperialismus, München 1970, S. 83f.; Nikolinakos, S. 173; Ronzani, S. 64ff., 90ff.; McRae, S. 23–25; Internationale Chronik zur Arbeitsmarktpolitik, Nr. 1 (Juli 1980), S. 11; Nürnberger Nachrichten, 7.4., 16.11.1981; allg. hierzu: E. Gehmacher u.a. (Hrsg.), Ausländerpolitik im Konflikt. Arbeitskräfte oder Einwanderer? Konzepte der Aufnahme- und Entsendeländer, Bonn-Bad Godesberg 1978; vgl. ferner die Beiträge von L. Bacci, I. Baučić, M. Lohrmann, K. Manfrass, G. Schiller u. E. Zadil, in: Lohrmann/Manfrass, S. 141–334, S. 367–384; J. Blaschke, H. Greussing, ‚Dritte Welt' in Europa. Probleme der Arbeitsimmigration, Frankfurt 1980.

58 Hierzu, neben der nach wie vor vielfach anregenden Studie von Nikolinakos, der Beitrag von K. Höpfner, in: Lohrmann/Manfrass, S. 43–79; McRae, S. 29–33; Bethlehem, S. 114, S. 146–154.

59 Hierzu und zum Folgenden: Heckmann, S. 183–222, S. 241–248; vgl. Ronzani, S. 186f., S. 193ff., S. 201ff., S. 207ff.; Bethlehem, S. 132–138; Manfrass in: Lohrmann/Manfrass, S. 19–42, hier S. 31ff.

60 Heckmann, S. 186, 189–191; Lohrmann, Hadjandreou, S. 100ff.; Bevölkerung und Erwerbstätigkeit (hrsg. v. Stat. Bundesamt), Reihe 1. S. 2: Ausgewählte Strukturdaten für Ausländer 1978, Stuttgart 1979, S. 15; Reihe 1.4.: Ausländer 1980, Stuttgart 1981, S. 6.

61 Heckmann, S. 191–203, S. 210; vgl. Mehrländer, Soziale Aspekte, S. 150.

62 Heckmann, S. 210, S. 218.

63 Ebenda, S. 248; Ronzani, S. 184; Ausländer 1980, S. 49f.; Frankfurter Rundschau, 31.3.1979 (Befragung Yücedinc); F. Franz, Einwanderer ohne Einwanderungsland, in: Vielvölkerstaat Bundesrepublik (Kursbuch Nr. 62, 1980), S. 159–171, hier S. 165.

64 Heckmann, S. 222; Uhlig, S. 160–164; Ronzani, S. 190; Frankfurter Rundschau, 9.2.1980 (J. Roitsch); vgl. dazu die Gesamtdarstellung bei Dohse, S. 231–307.
65 Heckmann, S. 220–222; vgl. H. Katsoulis, Bürger zweiter Klasse – Ausländer in der Bundesrepublik, Frankfurt 1978.
66 K. C. Thalheim, Gegenwärtige und zukünftige Strukturwandlungen in der Wanderungswirtschaft der Welt, in: Archiv für Wanderungswesen, 3. 1930, S. 41–47, hier S. 46.
67 Hierzu und zum Folgenden: U. Mehrländer, Bundesrepublik Deutschland, in: Gehmacher u.a. (Hrsg.), S. 115–137; Lohrmann in: Lohrmann/Manfrass, S. 103–140, hier S. 111–126; Manfrass, ebenda, S. 259; Bethlehem, S. 139–179, 188–204; im einzelnen hierzu: Dohse, S. 307–358.
68 Siewert, S. 241f.; Mehrländer, Bundesrepublik, S. 134; BA, Überlegungen II, S. 248ff.; McRae, S. 27f.
69 Siewert, S. 244, 246–248; Frankfurter Rundschau, 18.3.1980 (Memorandum H. Kühn).
70 Heckmann, S. 181f. (Klauder zit. ebenda).
71 Ebenda.
72 DIE ZEIT, 9.4.1982 (M. Jungblut), 1.1.1982 (H. Schueler).
73 Frankfurter Rundschau, 19.4.1982.
74 Hierzu zuletzt: H.-J. Hoffmann-Nowotny, K.-O. Hondrich (Hrsg.), Ausländer in der Bundesrepublik Deutschland und in der Schweiz. Segregation und Integration: Eine vergleichende Untersuchung, Frankfurt 1981.
75 Ausländer 1980, S. 6f.; DER SPIEGEL, 7.12.1981, S. 24–32 (auch zum Folgenden); M. Neuffer, ebenda, 19.4.1982, S. 35–47.
76 Ausländer 1980, S. 24f.; Siewert, S. 240; Heckmann, S. 206; Ronzani, S. 176; DER SPIEGEL (s. Anm. 75).
77 DIE ZEIT, 29.1.1982 (N. Grunenberg); 9.4.1982 (M. Jungblut); Frankfurter Rundschau, 21.4.1982 (W. Bodenbender); BA, Überlegungen II, S. 247f., 250f.; Nürnberger Nachrichten, 3.6.1977; allgemein hierzu: McRae, S. 44–56, 86–109; DER SPIEGEL (s. Anm. 75).
78 M. Neuffer (s. Anm. 75); Nürnberger Nachrichten, 12.5.1982; Frankfurter Rundschau, 15.6.1981, 12.5.1982; Süddeutsche Zeitung, 12.10.1979; vgl. dagegen noch 1980: McRae, S. 110–118.
79 DIE ZEIT, 1.1.1982 (H. Schueler); zur publizistischen ‚Ausländerdiskussion' vgl. z. B.: DER SPIEGEL, 18.9.1972, S. 24–34; 16.6.1980, S. 28–42.
80 Heckmann, S. 248f.
81 DIE ZEIT, 5.2., 2.4.1982; Nürnberger Nachrichten, 18.3., 25.3., 3.4., 3.6.1982; Frankfurter Rundschau, 4.3.1982 (Dokumentation); DER SPIEGEL, 15.9.1980, S. 19–26; G. Biemann, Rechtsradikalismus-Report, in: Blätter für deutsche und internationale Politik, 27. 1982. H. 4, S. 471–491, hier S. 479–484.
82 DER SPIEGEL, 3.5.1982, S. 32–44; vgl. DIE ZEIT, 23.4.1982 (H. Schueler); Nürnberger Nachrichten, 12.5.1982; W. Fach, in: Frankfurter Hefte, 35. 1980, H. 10, S. 15–24.
83 W. Seeger, Ausländer-Integration ist Völkermord. Das Verbrechen an den ausländischen Volksgruppen und am deutschen Volk, 6. Aufl. Pähl 1981.
84 Frankfurter Rundschau, 21.4.1982.
85 DER SPIEGEL, 15.9.1980, S. 19–26; 7.12.1981, S. 24–32; 3.5.1982, S. 32–44.
86 Ebenda; DIE ZEIT, 5.2.1982 (N. Grunenberg).
87 DER SPIEGEL, 3.5.1982, S. 44; vgl. Frankfurter Rundschau, 1.6.1981, 8.2.1982; Nürnberger Nachrichten, 3.12.1981, 8.2.1982.
88 DIE ZEIT, 5.2.1982 (N. Grunenberg).
89 Geschichte und Gegenwart überblickend hierzu: H. Spaich, Fremde in Deutschland. Unbequeme Kapitel unserer Geschichte, Weinheim 1981.
90 D. Mertens, Für ein Einwanderungsgesetz, in: Liberal, 24. 1982, H. 4, S. 289–292.
91 Vgl. hierzu die Einschätzung von H. Korte in: Frankfurter Rundschau, 30.12.1981, S. 10. Als Beispiele aus der kontroversen Diskussion um diese Frage: Franz, S. 146f., Bethlehem, S. 198–204; McRae, S. 119–124; M. Kremer, H. Spangenberg, Assimilation ausländischer Arbeitnehmer in der Bundesrepublik Deutschland, Königstein i. Ts. 1980; Institut für Zukunftsforschung (Hrsg.), Ausländer oder Deutsche: Integrationsprobleme griechischer, jugoslawischer und türkischer Bevölkerungsgruppen, Köln 1981; DIE ZEIT, 7.9.1979 (G. Hoffmann), 2.11.1979 (P. Conradi), 21.11.1980 (J. Schilling), 1.2.1982 (H. Schueler), 5.2.1982 (N. Grunenberg); Frankfurter Rundschau, 23.10.1980 (Landesparteitag der Berliner SPD), 18.2.1982 (Sozialausschüsse der Christlich-Demokratischen Arbeitnehmerschaft), 21.4.1982 (W. Bodenbender).

7. Verzeichnis und Quellennachweis der Schaubilder

8. Kommentierte Literaturübersicht

Bade, Klaus J.: Friedrich Fabri und der Imperialismus in der Bismarckzeit. Revolution — Depression — Expansion, Atlantis-Verlag (jetzt: Franz Steiner Verlag, Wiesbaden), Freiburg i. Br. 1975, 580 S. — *Ideen- und Sozialgeschichte von Auswanderungsdiskussion und Kolonialbewegung im kaiserlichen Deutschland.*

Ders. (Hrsg.): Auswanderer — Wanderarbeiter — Gastarbeiter: Bevölkerung, Arbeitsmarkt und Wanderung in Deutschland seit der Mitte des 19. Jahrhunderts, Scripta Mercaturae Verlag, Ostfildern 1983. — *Referate und Diskussionsbeiträge eines internationalen wissenschaftlichen Symposiums über Ursachen und Folgen transnationaler Wanderungsbewegungen in Geschichte und Gegenwart an der Akademie für Politische Bildung in Tutzing, 18.–21.10.1982.*

Bethlehem, Siegfried: Heimatvertreibung, DDR-Flucht, Gastarbeiterzuwanderung. Wanderungsströme und Wanderungspolitik in der Bundesrepublik Deutschland, Verlag Klett-Cotta, Stuttgart 1982, 260 S. — *Gesamtdarstellung, mit Tabellen und Schaubildern.*

Bevölkerung und Wirtschaft 1872–1972, hrsg. v. Statistischen Bundesamt Wiesbaden, Verlag Kohlhammer, Stuttgart 1972, 278 S. — *Geschichte der amtlichen Statistik in Deutschland seit 1872 und wichtigste lange Reihen zur Entwicklung von Bevölkerung und Wirtschaft.*

Bickelmann, Hartmut: Deutsche Überseeauswanderung in der Weimarer Zeit, Franz Steiner Verlag, Wiesbaden 1980, 180 S. — *Gesamtdarstellung von Auswanderungsbewegung, -diskussion und -politik, mit statistischem Anhang.*

Blaschke, Jochen / Greussing, Kurt (Hrsg.): ‚Dritte Welt' in Europa. Probleme der Arbeitsimmigration, Syndikat Autoren- und Verlagsgesellschaft, Frankfurt 1980, 128 S. — *Studien zu Theorie, Ökonomie und Soziologie der internationalen Arbeitswanderungen in Westeuropa.*

Bolte, Karl Martin / Kappe, Dieter / Schmid, Josef: Bevölkerung. Statistik, Theorie, Geschichte und Politik des Bevölkerungsprozesses, Leske Verlag, 4. neu überarb. Aufl. Opladen 1980, 212 S. — *Überblick über die neuere Entwicklung von Bevölkerung und Wanderung, die wissenschaftlichen Bemühungen um ihre Erklärung und die politischen Versuche zu ihrer Beeinflussung bzw. zur Bewältigung ihrer Folgen, mit Tabellen und Schaubildern.*

Bretting, Agnes: Soziale Probleme deutscher Einwanderer in New York City 1800–1860, Franz Steiner Verlag, Wiesbaden 1981, 224 S. — *Fallstudie zur Sozialgeschichte der deutschen Nordamerika-Einwanderung, mit Schaubildern und Statistiken.*

Dohse, Knuth: Ausländische Arbeiter und bürgerlicher Staat. Genese und Funktion von staatlicher Ausländerpolitik und Ausländerrecht. Vom Kaiserreich bis zur Bundesrepublik Deutschland, Verlag Anton Hain, Königstein i. Ts. 1981, 460 S. — *Materialreiche kritische Rechts- und Politikgeschichte der Ausländerbeschäftigung, mit Tabellen.*

Gehmacher, Ernst / Kubat, Daniel / Mehrländer, Ursula (Hrsg.): Ausländerpolitik im Konflikt: Arbeitskräfte oder Einwanderer? Konzepte der Aufnahme- und Entsendeländer, Verlag Neue Gesellschaft, Bonn-Bad Godesberg 1978, 264 S. — *Fallstudien über traditionelle überseeische Einwanderungsländer, europäische Aufnahmeländer von Arbeitswanderern und deren Herkunftsländer.*

Heckmann, Friedrich: Die Bundesrepublik: Ein Einwanderungsland? Zur Soziologie der Gastarbeiterbevölkerung als Einwandererminorität, Verlag Klett-Cotta, Stuttgart 1981, 279 S. — *Pionierstudie über die ökonomische und soziale Lage der Gastarbeiterbevölkerung in der Bundesrepublik zwischen Arbeits- und Einwanderung unter Berücksichtigung auch der Ergebnisse der wirtschafts- und sozialhistorischen Wanderungsforschung, mit Schaubildern und Tabellen.*

Hoffmann-Nowotny, Hans-Joachim / Hondrich, Karl-Otto (Hrsg.): Ausländer in der Bundesrepublik Deutschland und in der Schweiz. Segregation oder Integration: Eine vergleichende Untersuchung, Campus Verlag, Frankfurt 1981, 636 S. — *International vergleichende Fallstudien über ökonomische und soziale Lage, rechtliche Stellung und kulturelle Probleme ausländischer Arbeitnehmer, mit Tabellen und Schaubildern.*

Homze, Edward L.: Foreign Labor in Nazi Germany, Princeton University Press, Princeton N.J. 1967, 350 S. — *Geschichte der deutschen Fremdarbeiterpolitik, des Einsatzes von Kriegsgefangenen und Zwangsarbeitern aus den besetzten Gebieten in der deutschen Kriegswirtschaft.*

Imhof, A. E.: Die gewonnenen Jahre. Von der Zunahme unserer Lebensspanne seit 300 Jahren oder: Von der Notwendigkeit einer neuen Einstellung zu Leben und Sterben, München 1981, 279 S. — *Gesamtdarstellung der Veränderungen des Bevölkerungsverhaltens, seiner Bestimmungskräfte und Folgeprobleme seit der frühen Neuzeit, mit Schaubildern und Tabellen.*

Kamphoefner, Walter G.: Westfalen in der Neuen Welt. Eine Sozialgeschichte der Auswanderung im 19. Jahrhundert, F. Coppenrath Verlag, Münster 1982, 232 S. — *Quantitative Analyse und sozialgeschichtliche Interpretation von Aus-* und *Einwanderung, mit Schaubildern und Tabellen.*

Kleßmann, Christoph: Polnische Bergarbeiter im Ruhrgebiet 1870–1945. Soziale Integration und nationale Subkultur einer Minderheit in der deutschen Industriegesellschaft, Verlag Vandenhoeck & Ruprecht, Göttingen 1978, 308 S. — *Wichtigste neuere Studie zur Geschichte der ‚Ruhrpolen', mit statistischem Anhang.*

Knodel, John E.: The Decline of Fertility in Germany, 1871–1939, Princeton University Press, Princeton N.J. 1974, 306 S. — *Auf quantitative Analysen (EDV) gestützte Interpretation des Geburtenrückgangs in Deutschland, mit Schaubildern und Tabellen.*

Köllmann, Wolfgang: Bevölkerung in der industriellen Revolution. Studien zur Bevölkerungsgeschichte Deutschlands, Verlag Vandenhoeck & Ruprecht, Göttingen 1974, 288 S. — *Aufsätze über natürliche Bevölkerungsentwicklung, Binnenwanderung und Städtewachstum, mit Tabellen und Schaubildern.*

Kremer, Manfred / Spangenberg, Helga: Assimilation ausländischer Arbeitnehmer in der Bundesrepublik Deutschland, Verlag Hanstein, Königstein 1980, 268 S. — *Auf Repräsentativbefragungen gestützte Bestandsaufnahme der Lage der Gastarbeiter zwischen Einwanderung und Integration auf Zeit mit einer kritischen Auseinandersetzung mit Konzeptionen der Ausländerpolitik in der Bundesrepublik.*

Lacina, Evelyn: Emigration 1933–1945. Sozialhistorische Darstellung der deutschsprachigen Emigration und einiger ihrer Asylländer aufgrund ausgewählter zeitgenössischer Selbstzeugnisse, Verlag Klett-Cotta, Stuttgart 1982, 700 S. — *Materialreiche Darstellung der Bedingungen des Aufbruchs in die Emigration und des Lebens in der Emigration, vornehmlich im europäischen Ausland.*

Lohrmann, Reinhard / Manfrass, Klaus (Hrsg.): Ausländerbeschäftigung und internationale Politik. Zur Analyse transnationaler Sozialprozesse, R. Oldenburg Verlag, München 1974, 395 S. — *Frühe, aber nach wie vor grundlegende Studie über Ursachen und Folgen der internationalen Arbeitswanderungen in der Bundesrepublik und den Herkunftsländern der Gastarbeiter, über entsprechende politische Konzeptionen auf beiden Seiten und die Rückwirkungen auf die internationalen Beziehungen.*

Marschalck, Peter: Deutsche Überseeauswanderung im 19. Jahrhundert. Ein Beitrag zur soziologischen Theorie der Bevölkerung, Ernst Klett Verlag, Stuttgart 1973, 128 S. — *Gesamtdarstellung von Ursachen, Verlauf und Folgen der deutschen Auswanderung, mit Tabellen und Schaubildern.*

McRae, Verena: Die Gastarbeiter. Daten, Fakten, Probleme, Verlag C. H. Beck, München 1980, 210 S. — *Überblick über Entwicklung und wichtigste Probleme der Gastarbeiterbeschäftigung, mit Schaubildern und Tabellen.*

Mehrländer, Ursula: Soziale Aspekte der Ausländerbeschäftigung, Verlag Neue Gesellschaft, Bonn-Bad Godesberg 1974, 260 S. — *Kritische Analyse von Grundproblemen der sozialen Integration ausländischer Arbeitnehmer.*

Moltmann, Günter (Hrsg.): Deutsche Amerikaauswanderung im 19. Jahrhundert. Sozialgeschichtliche Beiträge, J. B. Metzlersche Verlagsbuchhandlung, Stuttgart 1976, 218 S. — *Studien zur Sozialgeschichte der Auswanderung und zur Auswanderungsdiskussion im 19. Jahrhundert, mit Bildern, Statistiken, Tabellen und Bibliographie.*

Ders. (Hrsg.): Aufbruch nach Amerika. Friedrich List und die Auswanderung aus Baden und Württemberg 1816/17. Dokumentation einer sozialen Bewegung, Rainer Wunderlich Verlag Hermann Leins, Tübingen 1979, 408 S. — *Kommentierte Edition zeitgenössischer Auswandererbefragungen, mit einer längeren Einführung.*

Murphy, Richard C.: Gastarbeiter im Deutschen Reich. Polen in Bottrop 1891–1933 (aus dem Amerikanischen übers. v. T. Schoenbaum-Holtermann), Peter Hammer Verlag, Wuppertal 1982, 208 S. — *Auf quantitative Analysen (EDV) gestützte Lokalstudie zur Geschichte der ‚Ruhrpolen', mit Tabellen.*

Myrzynowska, Krystyna: Die polnischen Erwerbsauswanderer im Ruhrgebiet während der Jahre 1880–1914 (aus dem Polnischen übers. v. C. Bedürftig), Forschungsstelle Ostmitteleuropa, Dortmund 1979, 410 S. — *Übersetzung der schon 1972 erschienenen polnischen Darstellung, in vieler Hinsicht durch die neuen Studien von Kleßmann und Murphy (s. o.) überholt, aber interessant als Interpretation aus polnischer Sicht, mit Tabellen.*

Neils Conzen, Kathleen: Immigrant Milwaukee, 1836–1860. Accomodation and Community in a Frontier City, Harvard University Press, Cambridge Mass. 1976, 300 S. — *Regionalstudie zur Wirtschafts-, Sozial- und Kulturgeschichte der deutschen Nordamerika-Einwanderung, mit Schaubildern und Tabellen.*

Neuffer, Martin: Die Erde wächst nicht mit, Verlag C. H. Beck, München 1982, 195 S. — *Diskussion internationaler Wachstums- und Entwicklungsprobleme der Gegenwart mit Votum für eine scharfe Begrenzung des Gastarbeiterzustroms in die Bundesrepublik.*

Nikolinakos, Marios: Politische Ökonomie der Gastarbeiterfrage. Migration und Kapitalismus, Rowohlt Taschenbuch Verlag, Reinbek 1973, 185 S. — *Frühe, aber nach wie vor anregende politisch-ökonomische Gesamteinschätzung von Ursachen, Funktionen und Folgen der Ausländerbeschäftigung.*

Pfahlmann, Hans: Fremdarbeiter und Kriegsgefangene in der deutschen Kriegswirtschaft 1939–1945, Wehr und Wissen Verlagsgesellschaft, Darmstadt 1968, 240 S. — *Geschichte der Rekrutierung und des Einsatzes ausländischer Zivilisten und Kriegsgefangener in Deutschland während des Zweiten Weltkrieges, ihrer Bedeutung für die Kriegswirtschaft, ihrer rechtlichen Stellung und sozialen Lage.*

Rist, Ray C.: Die ungewisse Zukunft der Gastarbeiter. Eingewanderte Bevölkerungsgruppen verändern Wirtschaft und Gesellschaft (aus dem Amerikanischen übers. v. G. Binning, mit einem Nachwort v. P. Siewert), Verlag Klett-Cotta, Stuttgart 1980, 260 S. — *Geschichte der Gastarbeiterzuwanderung und Analyse der sozial- und schulpolitischen Probleme und Konzepte.*

Ronzani, Silvio: Arbeitskräftewanderung und gesellschaftliche Entwicklung. Erfahrungen in Italien, in der Schweiz und in der Bundesrepublik Deutschland, Verlag Anton Hain, Königstein i. Ts. 1980, 266 S. — *Vergleichende Fallstudien über Bestimmungskräfte, Entwicklungsbedingungen und Folgeerscheinungen der internationalen Arbeitswanderungen, mit Tabellen und Schaubildern.*

Spaich, Herbert: Fremde in Deutschland. Unbequeme Kapitel unserer Geschichte, Beltz Verlag, Weinheim 1981, 288 S. — *Bildreportagen über Lage und Behandlung von Minderheiten, ausländischen Flüchtlingen und Arbeitnehmern in Geschichte und Gegenwart, mit einer knappen Bibliographie.*

Uhlig, Otto: Die ungeliebten Gäste. Ausländische Arbeitnehmer in Deutschland, Edition Praeger, München 1974, 199 S. — *Frühe, aber nach wie vor anregende Interpretation ökonomischer, sozialer und kultureller Probleme der Gastarbeiterbeschäftigung, mit Schaubildern und Tabellen.*

Walker, Mack: Germany and the Emigration, 1816–1885, Harvard University Press, Cambridge Mass. 1964, 287 S. — *Gesamtdarstellung von Auswanderung, Auswanderungsdiskussion und Auswanderungspolitik unter besonderer Berücksichtigung des — im Untersuchungszeitraum wichtigsten — südwestdeutschen Ausgangsraumes.*

ZUR POLITIK UND ZEITGESCHICHTE

Herausgeber: Landeszentrale für politische Bildungsarbeit Berlin
in Verbindung mit dem Fachbereich Politische Wissenschaft der Freien Universität Berlin

Gesamtauflage: 1644000 Exemplare

4 · Wolfgang Scheffler
Judenverfolgung im Dritten Reich
94 Seiten. Im 131. Tausend

7 · Hans-Joachim Winkler
Legenden um Hitler
80 Seiten. Im 93. Tausend

8 · Franz Ansprenger
Afrika
Eine politische Länderkunde
184 Seiten. Im 80. Tausend

11 · Gerhard Oestreich
Die Idee der Menschenrechte
48 Seiten. Im 66. Tausend

12 · Hans-Joachim Winkler
Die Weimarer Demokratie
Eine politische Analyse der Verfassung und der Wirklichkeit
112 Seiten. Im 70. Tausend

22 · Karl Heinz Walper
Föderalismus
128 Seiten. Im 61. Tausend

24 · Hermann Meyn
Massenmedien in der Bundesrepublik Deutschland
176 Seiten. Im 205. Tausend

26 · Klaus Hänsch
Frankreich
Eine politische Landeskunde
136 Seiten. Im 113. Tausend

30 · Hans Jendges
Der Nahostkonflikt
128 Seiten. Im 144. Tausend

31 · Gerhard Maurer/Peter Molt
Lateinamerika
Eine politische Länderkunde
128 Seiten. Im 65. Tausend

33 · Bodo Zeuner
Innerparteiliche Demokratie
160 Seiten. Im 51. Tausend

35 · Hans Heinrich Rass
Großbritannien
Eine politische Landeskunde
160 Seiten. Im 58. Tausend

39 · Hans Jendges
Israel
Eine politische Landeskunde
144 Seiten. Im 78. Tausend

42 · Günther Haasch
Japan
Eine politische Landeskunde
212 Seiten. Im 47. Tausend

43 · Eckhardt Barthel/Joachim Dikau
Mitbestimmung in der Wirtschaft
180 Seiten. Im 44. Tausend

COLLOQUIUM VERLAG BERLIN